I0002986

Aprende a Programar

en

C++

Joaquín Ramón Reyes Sandler

ISBN: 978-1502572707

TABLA DE CONTENIDOS

C++

Para muchos la transición de C a C ++ no es fácil. De hecho, esta transición suele ir acompañada de mucha ansiedad porque C ++ está popularmente envuelto en un aura de inaccesibilidad. Por ejemplo, usted puede coger un libro sobre C ++, abrirlo en cualquier página y enfrentarse a un párrafo como este:

"Desde el punto de vista del diseño, la derivación privada es equivalente a la compartimentación, excepto en ocasiones por la importante cuestión de la superposición. Un uso importante de esto es la técnica es derivar una clase pública desde una clase base abstracta, definiendo una interfaz y exclusivamente de una clase concreta proporcionando una implementación. Debido a la herencia implícita en derivación privada es un detalle de implementación que no se refleja en el tipo de la clase derivada, a veces se llama "herencia de implementación" y contrasta con la declaración pública, donde la interfaz de la clase base se hereda y la conversión implícita para el tipo de clase está permitida. El resto se refiere a veces como una sub-clasificación o "herencia de interfaces." (Texto extraído de "The C++ Programming Language, second edition, de Bjarne Stroustrup, página 413)

Es realmente difícil iniciarse en C ++ con una literatura tan rebuscada, tan hermética.

En este libro trataremos de responder a tres preguntas muy comunes:

• ¿Por qué existe C ++ y cuáles son sus ventajas sobre C?
• ¿Qué recursos están disponibles en C ++ para materializar las ideas orientadas a objetos?

• ¿Cómo diseñar e implementar código usando los principios de la orientación a objetos?

Una vez que haya comprendido las características básicas disponibles en C ++, y sepa cómo y por qué usarlos, se convertirá en un programador en C ++. Este libro se orientará en esa dirección y así, de esta forma, leer otros textos sobre C ++, incluyendo el de Stroustrup, serán más fácil de entender.

En este libro presupondremos que usted conoce el lenguaje C. Si este no es su caso, dedique una o dos semanas estudiando C y luego vuelva a coger este libro. C ++ es un superconjunto de C, por lo que casi todo lo que sepa sobre C lo va a encontrar en este nuevo lenguaje.

QUÉ ES C ++

Las personas que acaban de llegar a C ++ o aquellos que leen libros en C ++ por lo general tienen dos preguntas:

• "Todo lo que leo tiene un vocabulario loco: encapsulación, herencia, funciones virtuales, clases, sobrecargas, amigos (friends)... ¿De dónde viene todo esto?

• Este lenguaje y la programación orientada a objetos en general implican un cambio de mentalidad, entonces, ¿cómo puedo aprender a pensar en el modo C ++?

Ambas preguntas pueden ser contestadas y el proyecto de C ++ en su conjunto es fácilmente inteligible, si usted sabe lo que los diseñadores de C ++ pretendían lograr cuando crearon este lenguaje. Si usted entiende por qué los diseñadores hicieron las elecciones que hicieron y por qué introdujeron ciertas características específicas en el lenguaje, entonces será mucho más fácil entenderlo plenamente.

El diseño de lenguajes de programación es un proceso evolutivo. Se crea un nuevo lenguaje a partir de las lecciones aprendidas con lenguajes antiguos o el intento de introducir nuevas características y facilidades de un lenguaje existente. Por ejemplo, el lenguaje Ada fue originalmente diseñado para resolver un problema molesto al que se enfrentaba el Pentágono. Los programadores, escribiendo código para diferentes sistemas de defensa militar, habían utilizado cientos de lenguajes diferentes de programación, lo que lo convertiría, de hecho, en imposible mantener o mejorar en el futuro. Ada trata de resolver algunos de estos problemas mediante la combinación de las mejores características de varios lenguajes en un solo lenguaje de programación.

Otro buen ejemplo es el proceso evolutivo que ocurrió con los lenguajes de programación a través del desarrollo de lenguajes estructurados. Estos lenguajes fueron una respuesta a un problema importante no previsto por los diseñadores de los lenguajes más antiguos de programación: el uso excesivo de **goto** en programas muy grandes. En un programa pequeño el comando **goto** no causa mayores problemas. Pero en un programa muy grande, especialmente cuando es desarrollado por alguien adicto al comando **goto**, los problemas se vuelven terribles. El código se convierte en absolutamente incomprensible para otro programador que trata de leerlo por primera vez. Los lenguajes de programación han evolucionado para resolver este problema mediante la eliminación de la sentencia **goto** por completo y haciendo simple subdividir un gran programa en módulos o en pequeñas funciones, comprensibles y manejables.

C ++ es un lenguaje orientado a objetos. La programación orientada a objetos es una reacción a los problemas que se percibieron por primera vez en programas mucho más grandes desarrollados en los años 70. Todos los lenguajes orientados a objetos tratan de lograr tres objetivos, como una forma de evitar que ocurran los problemas inherentes a proyectos de gran envergadura:

Todos los lenguajes de programación orientados a objetos implementan **abstracción de datos** de una manera clara usando un concepto llamado **clases**. Vamos a examinar la abstracción de datos con más detalle más adelante, porque este es un concepto central muy importante en C ++. En pocas palabras, la abtracción de datos es una forma de combinar los datos y las funciones utilizadas para manipularlos, de tal forma que los detalles de implementación queden ocultos a otros programadores. Esto permite el desarrollo de programas más fáciles de mantener y actualizar. Todos los lenguajes orientados a objetos tratan de ser fácilmente reutilizables y extensibles en cada de las partes que componen los programas. Aquí es donde el término **objeto** comienza a tener sentido. Los programas son divididos y subdivididos, en objetos reutilizables. Estos objetos se pueden agrupar de diferentes maneras para formar nuevos programas. Los objetos existentes se pueden ampliar dando a los desarrolladores una manera sencilla de reutilizar código y prácticamente obligando a los programadores a escribir código para ser reutilizado, haciéndose mucho más fácil desarrollar nuevos programas volviendo a montar las piezas ya existentes.

Los lenguajes orientados a objetos buscan hacer un código existente fácilmente modificable sin, en realidad, llegar a cambiar físicamente el código. Este es un concepto único y muy potente, porque a primera vista no parece posible cambiar algo sin llegar a cambiarlo. Sin embargo, es totalmente posible hacer esto utilizando dos nuevos conceptos: **herencia** y **polimorfismo**. El objeto existente sigue siendo el mismo y los cambios se apoderan de él. La capacidad de los desarrolladores para mantener y mejorar un código de un modo libre de error se mejora drásticamente utilizando este enfoque.

Cómo C ++ es un lenguaje orientado a objetos, contiene los tres beneficios de la orientación a objetos que acabamos de nombrar. C ++ suma a todo esto otras dos mejoras importantes, para eliminar los problemas existentes en el lenguaje C original y para hacer la programación en C ++ más fácil que en C.

C ++ añade un concepto llamado **sobrecarga de operadores**. Este recurso permite especificar en sus programas nuevas maneras de utilizar los operadores estándar, tales como + y >>. Por ejemplo, si desea agregar un nuevo tipo de datos, como un tipo número complejo en un programa de C, esa implementación no será fácil. Para sumar dos números complejos, usted tendrá que crear una función denominada, por ejemplo, *suma*, y luego escribir a3 = suma (a1, a2); donde a1, a2 y a3 son valores del nuevo tipo de número complejo. En C ++ usted puede, en lugar de crear una nueva función, sobrecargar los operadores + e =, de modo que usted puede escribir a3 = a1 + a2. Por lo tanto, nuevos tipos de datos se pueden añadir al lenguaje de una manera sencilla y clara, sin ajustamientos. El concepto de sobrecarga se aplica a todas las funciones escritas en C ++.

C ++ simplifica aún más la implementación de varias partes del lenguaje C, en particular en lo que respecta a las operaciones de E / S y de asignación de memoria. Estas nuevas implementaciones fueron creadas contemplándose la sobrecarga de los operadores, por lo que se hizo fácil añadir nuevos tipos de datos y proporcionar operaciones de E / S y la asignación de memoria para los nuevos tipos, sin trucos ni artificios.

Vamos a examinar algunos de los problemas a los que usted probablemente se enfrentó utilizando el lenguaje C y, a continuación, veremos la forma en que son resueltos por C ++.

El primer problema se puede ver en toda la biblioteca de programas construidos en C. El problema se muestra en el siguiente código, que asigna un valor a un string y luego anexa este valor a otro string:

```
char t[100];
strcpy(t, "hola ");
strcat(t, "mundo");
```

Esta codificación no es muy bonita pero su formato ilustra muy bien lo que se encuentra en las bibliotecas creadas en C. El tipo *string* se construye a partir del tipo de matriz de caracteres, que es nativo en C. Debido al hecho de que el nuevo tipo, *string*, no es parte del lenguaje original, el programador se ve obligado a utilizar llamadas a funciones para hacer cualquier operación con el nuevo tipo de datos. Es deseable que, en cambio, se puedan crear nuevos tipos de datos y manejarlos de forma natural con sus propias características de lenguaje. Algo así como:

```
string t;
t = "hola ";
t += "mundo";
```

Si algo así es posible, el lenguaje puede ampliarse ilimitadamente. C ++ soporta este tipo de extensión a través de la sobrecarga de operadores y clases. Observe también que mediante el uso de un nuevo tipo *string*, la implementación se hizo completamente oculta. Es decir, usted no necesita saber cómo o si se creó el tipo *string* utilizando una matriz de caracteres, una lista enlazada, etc. o incluso si el *string* tiene un tamaño máximo. Mejor aún, es fácil cambiar en el futuro la implementación del tipo *string*, sin afectar negativamente a los códigos que lo estuvieran utilizando.

Otro ejemplo usando una biblioteca se puede ver en la implementación de una biblioteca para el tratamiento de pilas.

Los prototipos de las funciones habituales para una típica biblioteca para el tratamiento de pilas - que normalmente se encuentra en header file- se muestra a continuación:

```
void stack_init(stack s, int max_size);
int stack_push(stack s, int value);
int stack_pop(stack s, int *value);
void stack_clear(stack s);
void stack_destroy(stack s);
```

El programador usuario de esa biblioteca puede utilizar funciones para las funciones push, pop y clear de la pila, pero antes y para que cualquiera de estas operaciones sea válida, debe inicializar la pila con la función *stack_init*. Cuando haya terminado con el uso de la pila, debe destruirla con la función *stack_destroy*. ¿Y qué ocurre si se olvida la inicialización o la destrucción de la pila? En un caso real, el código no funcionará y puede ser muy difícil rastrear el problema a menos que todas las rutinas de la biblioteca detecten la falta de puesta en marcha e indiquen esto específicamente. La omisión de la etapa de destrucción de pila puede causar una pérdida de memoria (problema llamado memory leak) que también es difícil de rastrear. C ++ resuelve este problema mediante el uso de constructores y destructores que manejan automáticamente la inicialización y destrucción de objetos, incluidas las pilas.

Aún continuando con el ejemplo de la pila, note que la pila, una vez definida, puede hacer push y pop de números enteros. ¿Qué pasa si usted quiere crear otra pila para trabajar con números reales o incluso caracteres? Usted tendrá que crear tres bibliotecas independientes o alternativamente usar una *union* y dejar que esta se encargue de todos los tipos de datos posibles. En C ++, un concepto llamado **modelo** le permite crear una sola biblioteca para manejar la pila y redefinir los tipos de datos que serán almacenados en la pila cuando esta se declare.

Otro problema que usted ya debe haber tenido programando en C implica los cambios de bibliotecas. Digamos que usted está usando la función *printf* definida en la biblioteca *stdio*, pero usted quiere modificarla para manejar un nuevo tipo de datos que creó en su programa. Por ejemplo, usted quiere modificar *printf* para que imprima números complejos. Usted no tiene opciones para hacer eso a menos que tenga el código fuente de la implementación de *printf*. Más aún si usted tiene el código fuente de *printf*, esto puede ser una mala estrategia, porque puede generar un código no portable. Realmente no hay una manera de extender fácilmente una biblioteca de C una vez que ha sido compilada. Para resolver el problema de imprimir los números complejos en C, como en nuestro ejemplo, usted tendría que crear una nueva función con el mismo propósito que *printf*. Si usted tiene varios nuevos tipos de datos, usted tendrá que crear varias funciones de salida nuevas, a semejanza de *printf*. C ++ trata con todos estos problemas con una nueva técnica para la salida estándar. Una combinación de la sobrecarga de operadores y clases permite integrar nuevos tipos de datos a la norma E/S de C ++.

Todavía pensando en la función *printf*, reflexione sobre su proyecto y pregúntese: ¿Esta es una buena manera de diseñar un código? Dentro del código de printf hay un comando switch o una cadena if-else-if que evalúa un string como formato de salida. Un *%d* se utiliza para los números decimales, un *%c* se utiliza para los caracteres, un *%s* se usa para los strings, y así sucesivamente. Hay por lo menos tres problemas con esta aplicación:

- El programador de la implementación *printf* tiene que mantener la instrucción switch o if-else-if y modificarla para cada nuevo tipo de formato que desea aplicar. Los cambios siempre implican la posibilidad de introducir nuevos errores.

- No hay garantía de que el programador usuario de *printf* vaya a combinar correctamente el tipo de datos con el formato string, lo que significa que la función tiene un riesgo de error.

- Esta aplicación no es extensible, ya que a menos que usted tenga el código fuente, no puede ampliar las capacidades de *printf*.

C ++ resuelve completamente estos problemas, ya que obliga al programador a estructurar el código de una nueva manera. El comando switch se oculta y se maneja de forma automática por el compilador a través de la sobrecarga de funciones. Por lo tanto, se hace imposible combinar los parámetros erróneos al invocar una función, en primer lugar porque no se implementan como parámetros en C ++ y en segundo porque el tipo de variable controla automáticamente el mecanismo de switch que es implementado por el compilador.

C ++ también soluciona otros problemas. Por ejemplo, resuelve el problema de *código común replicado en varios lugares*, permitiendo controlar el código común en una tercera dimensión. Resuelve el problema *quiero cambiar el tipo de datos que se pasan a una función sin cambiar la función*, permitiendo sobrecargar el mismo nombre de función con múltiples listas de parámetros. Resuelve el problema *quiero hacer un pequeño cambio en cómo funciona esto, pero no tengo el código fuente*, y al mismo tiempo resuelve el problema *quiero reformular esta función por completo sin cambiar el resto de la biblioteca* utilizando el concepto de herencia.

C ++ facilita la creación de bibliotecas más simples y mejora drásticamente la tarea de mantenimiento del código. Y mucho más.

Tendrá que cambiar un poco su forma de pensar acerca de la programación para aprovechar todas estas características y eso significa que tendrá que dedicar un poco más al diseño de su código. Sin eso, usted perderá muchos de los beneficios de C ++. Como con todo en la vida, la migración a C ++ significa costes y beneficios, pero en este caso los beneficios superan con creces los costes.

INTRODUCCIÓN A LA PROGRAMACIÓN EN C++

Todo lo que usted escribió en C funciona en C ++. Sin embargo, en muchos casos C ++ ofrece una mejor manera de hacer el mismo trabajo. En otros casos C ++ ofrece más de una manera de hacer lo mismo y eso le da una mayor flexibilidad en el desarrollo de programas. En esta sección examinaremos las extensiones de C ++ en relación a C. Muchas de estas extensiones no se añadieron de forma gratuita, sino para permitir la programación orientada a objetos.

Este apartado contiene una gran cantidad de detalles de C ++. No entre en pánico. Si lo prefiere, simplemente desplácese por el texto y vuelva más tarde a estudiar cada sección, según sus necesidades.

COMENTARIOS

C ++ apoya el viejo modo multilínea de comentario, así como la nueva forma de la línea única representada por el símbolo //. Por ejemplo:

```
// get_it lee los valores de entrada
void get_it()
{
    // hacer algo.
}
```

C ++ ignora todo lo que se escribe después de // hasta el final de la línea. Usted puede utilizar las dos formas de comentario en un programa de C ++.

CONVERSIÓN DE TIPOS DE DATOS

En C usted puede determinar la conversión de tipos de datos, colocando el nombre del tipo entre paréntesis inmediatamente antes del nombre de la variable, como en el siguiente ejemplo:

```
int i;
float f;
f = (float) i;
```

C ++ soporta un segundo de conversión de tipos, que hace que la especificación de conversión se parezca más a la llamada de una función:

```
int i;
float f;
f = float(i);
```

ENTRADA/SALIDA

ENTRADA/SALIDA EN TERMINAL

Una de las diferencias más obvias entre C y C ++ es la sustitución de la biblioteca *stdio* de C por *iostream* de C ++. La biblioteca *iostream* se beneficia de un gran número de extensiones de C ++ centradas en la orientación a objetos, como veremos más adelante. Además, hace que sea fácil añadir nuevos tipos de datos definidos por el programador. La biblioteca *iostream* contiene todas las capacidades que se encuentran en *stdio*, si bien las hace viables de otra forma. Por lo tanto, es importante saber cómo utilizar las funciones básicas de *iostream* si usted traduce código de C a C ++. El uso de *iostream* para las funciones básicas de entrada / salida es de comprensión casi inmediata. Considere los siguientes ejemplos:

```
cout << "hola\n";
```

```
o lo equivalente:
```

```
cout << "hola" << endl;
```

Ambos ejemplos producen el mismo resultado y hacen que la palabra hola, seguido de una nueva línea, sea escrita en la unidad de salida estándar. La palabra *cout* indica *stdout* como destino para la operación de salida y el operador << (que significa inserción) se utiliza para transferir los elementos de datos. Hay otras dos salidas estándar predefinidas: *cerr* para la notificación inmediata de los errores y *clog* para acumulación de notificaciones de error.

Usted puede escribir en cualquier salida por defecto utilizando las técnicas mostradas en el ejemplo anterior. Múltiples elementos de datos pueden ponerse en una sola línea de comandos o apiladas en varias líneas. Por ejemplo:

```
int i = 2;
float f = 3.14
char c = 'A';
char *s = "hola";
cout << s << c << f << i << endl;
```

produce la salida:

holaA3.142

de la misma manera que

```
cout << s << c;
cout << f;
cout i << endl;
```

El mecanismo cout comprende valores de direcciones de memoria de forma automática y los formata para presentación en hexadecimal. Por ejemplo, si i es un entero, entonces use el comando

```
cout << &i << endl;
```

Hay casos, sin embargo, donde la regla de conversión a hexadecimal no se aplica. Imprimir s, donde s es un puntero a un carácter, produce la impresión de la cadena apuntada por s en lugar de la dirección contenida en s. Para remediar esta situación, convierta s a un puntero void como se muestra a continuación, si lo que quiere es imprimir la dirección contenida en s:

```
cout << (void *) s;
```

Ahora la dirección contenida en s se muestra en formato hexadecimal. Si desea que la dirección se muestre en formato decimal, conviértalo en un entero largo:

```
cout << long(& i);
```

Esta línea imprime la dirección de i en formato decimal.

Del mismo modo, una conversión a int se utiliza para imprimir el valor entero de un caracter:

```
cout << int('A'); // produce 65 como salida
```

A usted le puede llamar al atención que el operador << - conocido en C como operador de desplazamiento a la izquierda - haya sido robado para manejar operaciones de salida en C ++. Si usted desea utilizar la operación shift left dentro de una línea úselo entre paréntesis:

```
cout << (2 << 4); // produce 32 como salida
```

Puede usar varias técnicas para dar formato a la salida. La información puede estar separada añadiendo espacios, tabuladores o cadenas literales como se muestra a continuación:

```
int i = 2;
float f = 3.14
char c = 'A';
char *s = "hola";
cout << s << " " << c << "\t" << f
<< "\t" << i << endl;
```

Todavía hay otros manipuladores que se pueden insertar en una secuencia de salida (en algunos sistemas necesita incluir *iomanip.h* para poder   utilizarlos):

dec	Uso base decimal
Oct	Uso base octal
Hex	Uso base hexadecimal
Endl	Termina la línea
Ends	Termina la cadena ('\ 0')

Flush	Descarga del búfer de salida
setw(w)	Establece el ancho de la salida para el valor de w (0 es el valor predeterminado)
setfill(c)	Establece el carácter de relleno para el contenido de c (por defecto está en blanco)
setprecision(p)	Establece la precisión flotante para el valor de p

El código:

```
cout << "[" << setw (6) << setfill('*') << 192;
cout << "]" << endl;
cout << hex << "[" << setw (6);
cout << setfill('*') << 192 << "]" << endl;
cout << setprecision(4) << 3.14159 << endl;
```

produce

[*** 192]
[**** c0]
3.142

La salida de números de punto flotante puede truncar o no ceros a la derecha, independientemente de cómo haya establecido la precisión. Esta es una característica determinada por el compilador que este usando.

Usted puede haber notado en los ejemplos mostrados recientemente que no se debe utilizar ciertos nombres de variables o funciones para no perder la capacidad de utilizar los manejadores intrínsecos en la biblioteca *iostream*.

Las operaciones de entrada se manejan de una manera similar a las operaciones de salida, utilizando *cin* de flujo de entrada y >> como operador de extracción. Por ejemplo, el comando:

```
int i,j,k;
cin >> i >> j >> k;
```

El flujo de entrada *cin* divide automáticamente la cadena de entrada en palabras y termina cuando se recibe *EOF*.

ENTRADA/SALIDA EN ARCHIVOS

La entrada y salida de archivos de texto son manejadas por la inclusión del archivo *fstream.h* y la declaración de variables de tipo *ifstream* y *ofstream* respectivamente. Por ejemplo, el siguiente programa lee el fichero aaa y escribe en un archivo llamado bbb:

```
#include <iostream.h>
#include <fstream.h>

void main()
{
    char c;
    ifstream infile("aaa");
    ofstream outfile("bbb");

    if (outfile &&  infile) // Serán 0 en err.
        while (infile >> c)
            outfile <<  c;
}
```

Las variables *infile* e *outfile* reciben el nombre del archivo en el arranque y se utilizan como *cin* y *cout*. El código de este ejemplo no funciona como sería de esperar debido a que los espacios en blanco, tabulaciones y caracteres \0 al final de cada línea se ignoran, al igual que el espacio en blanco cuando se utiliza <<. En este caso, es mejor utilizar la función *get* como se muestra a continuación:

```
while (infile.get(c))
    outfile << c;
```

o

```
while (infile.get(c))
    outfile.put(c);
```

Todavía es posible leer líneas completas utilizando la función *getline* de la misma manera que se utiliza la función *get*. Para abrir un archivo para introducir datos, utilice lo siguiente:

```
ofstream("aaa", iosapp);
```

Esta línea, así como la notación de función *.get*, tendrán más sentido a medida que aprenda más sobre C ++. El hecho de que *ofstream* a veces recibe uno o a veces dos parámetros es una característica intrínseca a C ++.

Tenga en cuenta que no hay necesidad de una función *close* para los archivos de entrada o salida. El archivo se cierra automáticamente cuando se cierra el ámbito de la variable que da nombre al archivo. Si tiene que cerrar explícitamente un archivo, use:

```
outfile.close();
```

ENTRADA/SALIDA EN CADENAS

Las entradas se puede leer a partir de un string en la memoria y las salidas puede ser enviadas a strings en la memoria, duplicándose así la acción de *sscanf* y *sprintf*. Para ello usted debe incluir el archivo *strstream.h* y declarar la entrada y salida en un string. Una salida en string se muestra a continuación:

```
char s[100];
ostrstream outstring(s,100);
outstring << 3.14 << " es PI" << ends;
cout << s;
```

El string s contiene el texto:

3.14 es PI.

Si el tamaño de s se llena demasiado, outstring detendrá automáticamente la colocación de valores en s.

Si una cadena s ya existe y desea leer datos de ella, usted puede usar un flujo de entrada string como se muestra a continuación:

```
char *s = "3.14   12   gato";
istrstream instring(s, strlen(s));
float f;
int i;
char t[100];
  instring >> f >> i >> t;
```

La biblioteca *iostream* tiene muchas otras capacidades que no se discuten aquí. Para obtener más información, consulte la documentación suministrada con el compilador. Por lo general, contiene una biblioteca de referencia completa para E / S.

DECLARACIONES DE VARIABLES

Las variables se declaran en C ++ como lo hacen en C. Las variables se pueden declarar en cualquier punto del código en C ++, estableciendo un nivel de flexibilidad casi como el que hay en FORTRAN. La variable se convierte en existente cuando se declara y deja de existir cuando la llave (}) del bloque donde se encuentra se cierra. Por ejemplo, en la siguiente codificación:

```
{
int i;
... code ...
int j;
... code ...
int k=func(i,j);
... code ...
}
```

las tres variables existen en el momento de la declaración y desaparecen al llegar a }.

CONSTANTES

En C usted crea una constante utilizando una macro del preprocesador, como en el siguiente ejemplo:

```
#define MAX 100
```

Cuando se compila el programa, el preprocesador encuentra todas las apariciones de la palabra MAX y las substituye por el string 100.

En C ++ se usa la palabra *const*, que normalmente es aplicable a las declaraciones de variables:

```
const int MAX=100;
```

La codificación int MAX = 100; es formatada exactamente de la misma manera que una declaración normal. El término *const* anterior a la declaración simplemente define que la variable MAX no se puede modificar. El uso de letras mayúsculas para los nombres de variables es una tradición en C que puede conservar o abandonar.

El modificador *const* también se puede utilizar en listas de parámetros para especificar el uso correcto del parámetro. Las tres funciones siguientes muestran los diferentes usos de *const*.

```
void func1(const int i)
{
i=5;     // no se puede modificar la constante

}

void func2(char * const s)
{
s="hola";   // no se puede modificar el puntero
}

void func3(const char * s)
{
s="hola";   // está bien
*s='A';     // no se puede modificar lo apuntado
por el puntero
}
```

La notación mostrada en func2 debe, siempre que sea posible, ser utilizada cuando un parámetro char * se pasa a la función.

SOBRECARGA DE FUNCIONES

Una de las más nuevas y potentes características de C ++ se denomina sobrecarga de funciones. Una función sobrecargada tiene varias y diferentes listas de parámetros. El lenguaje distingue cual de las opciones de llamada a la función se debe utilizar, en base a las listas de parámetros estándar. A continuación vamos a ver una demostración del proceso:

```
#include <iostream.h>

void func(int i)
{
cout << "función 1 llamada" << endl;
cout << "parametro = " << i << endl;
}

void func(char c)
{
cout << "función 2 llamada" << endl;
cout << "parametro = " << c << endl;
}

void func(char *s)
{
cout << "función 3 llamada" << endl;
cout << "parametro = " << s << endl;
}

void func(char *s, int i)
{
cout << "función 4 llamada" << endl;
```

```
cout << "parametro = " << s;
cout << ", parametro = " << i << endl;
}

main()
{
func(10);
func('B');
func("hola");
func("string", 4);
return 0;
}
```

Cuando se ejecuta este código, se elige cada versión de la función func y se llama de acuerdo a la correspondencia entre las listas de parámetros. Usted va a conseguir usar esta capacidad, que es una gran característica de C ++, una vez que usted encare la sobrecarga de una función como una solución a muchos de los problemas de la programación. Por ejemplo, si crea una función para inicializar un módulo, usted puede tener una llamada diferente para la misma función, dependiendo del parámetro que se pasa: una cadena, entero, punto flotante y así sucesivamente.

ARGUMENTOS DEFAULT

C ++ también le permite configurar valores por defecto (default) para los parámetros. Si no se pasa el parámetro, se utiliza el valor por defecto. Esta capacidad se muestra en el siguiente código:

```
#include <iostream.h>

void ejemplo(char *s, int i=5)
{
```

```
cout << "parametro 1 = " << s << endl;
cout << "parametro 2 = " << i << endl;
}

main()
{
ejemplo("test1");
ejemplo("test1",10);
return 0;
}
```

La primera llamada a la función mostrará el valor por defecto 5 para el parámetro i, mientras que la segunda llamada mostrará el valor 10.

Al crear parámetros por defecto, es necesario evitar la ambigüedad entre las listas de parámetros por defecto y las otras listas de parámetros. Examinando la función de nuestro último ejemplo, no se puede crear una versión sobrecargada que acepta un solo parámetro char *, ya que el compilador no podría elegir qué función debe llamar en caso de que se pase una cadena.

ASIGNACIÓN DE MEMORIA

C ++ reemplaza las funciones de C de asignación y cancelación de memoria, *malloc* y *free*, con las nuevas funciones *new* y *delete*, respectivamente, que hacen que este proceso sea mucho más fácil para el programador. *New* y *delete* permiten que tipos de datos definidos por el programador se asignen y desasignen con la misma facilidad que los tipos ya existes en C ++.

El siguiente código muestra la forma más sencilla de utilizar *new* y *delete*. Un puntero para un entero apunta a todo un bloque de memoria creado por *new*:

```
int *a;
a = new int;
*a = 12;
cout << *a;
delete a;
```

También es posible asignar bloques compuestos de matrices de tamaño variable, usando una técnica similar. Observe el uso de [] para eliminar la matriz:

```
int *a;
a = new int[100];
a[10] = 12;
cout << a[10];
delete [] a;
```

El valor 100 podría ser una variable si se desea.

Cuando se aplica a los tipos de datos definidos por el programador, *new* funciona de la misma manera. Por ejemplo:

```
typedef node
{
int data;
node *next;
} node;

main()
{
node *a;
a=new node;
```

```
a->date = 10;
delete a;
}
```

DECLARACIONES DE REFERENCIA

En C, los punteros se utilizan a menudo para pasar parámetros a funciones. Por ejemplo, la siguiente función *intercambio* intercambia dos valores que le son pasados a la misma:

```
void intercambio(int *i, int *j)
{
int t = *i;
*i = *j;
*j = t;
}

main()
{
int a=10, b=5;
intercambio(& a, & b);
cout << a << b << endl;
  }
```

C ++ proporciona un nuevo operador de referencia que simplifica enormemente la sintaxis. El siguiente código funciona en C ++:

```
void intercambio(int&  i, int&  j)
{
int t = i;
i = j;
j = t;
}

main()
```

```
{
int a=10, b=5;

intercambio(a, b);
cout << a << b << endl;
}
```

Los parámetros i y j declarados como tipo *int*& actúan como referencias para los enteros pasados (lea int& como una referencia a un entero). Cuando a una variable se le atribuye una referencia de otra variable, la referencia toma la dirección de la variable y opera la ubicación para la localización real para la variable. Por ejemplo:

```
int a;
int & b=a;

a=0;
b=5;
cout << a << endl;
```

El código anterior produce 5 como salida porque b referencia a. Es lo mismo que el uso de punteros y operadores de dirección en C, pero la sintaxis es mucho más simple aquí. Tenga en cuenta que b debe ser inicializado cuando se crea, como se muestra en el ejemplo.

SINTAXIS C++

Hemos visto los elementos del lenguaje C ++ que extienden las capacidades nativas o corrigen problemas inherentes en el lenguaje C. Estas extensiones son bastante simples de entender.

El otro conjunto de características de C ++ se dirigen a la programación orientada a objetos y pueden no ser de comprensión inmediata. Mientras que las capacidades de *cout* son sólo otra forma de manejar las operaciones de datos de salida - que ya sabía de antemano - algunas extensiones orientadas a objetos pueden no ser tan familiares. El objetivo de este capítulo es darle una primera exposición de algunas de estas extensiones. Por lo tanto, vamos a examinar la sintaxis C ++ que apoya los conceptos de orientación a objetos y luego revisaremos los conceptos.

INTRODUCCIÓN

Mire el mundo que le rodea. Usted puede entender una gran parte de la estructura, vocabulario y organización de C ++ sólo con mirar a la estructura y la organización del mundo real y reflexionar sobre el vocabulario que utilizamos para hablar sobre el mundo real. Muchos de los elementos de C ++ - y de la orientación a objetos en general - tratan de emular la forma como interactuamos con el mundo real.

Por ejemplo, cada vez que mira a su alrededor ve un montón de objetos. Nosotros organizamos estos objetos en nuestra mente organizándolos en categorías o **clases**. Si usted tiene un libro en sus manos, *un libro es una clase genérica de objetos*. Se podría decir "este objeto que estoy sosteniendo es clasificado como un libro." Una jerarquía de clases de objetos implica la clase libro y la extiende en dos direcciones. Los libros son los miembros de la clase más general publicaciones. También hay determinados tipos de libros, como libros de informática, libros de ficción, biografías, etc. La organización jerárquica se extiende en ambas direcciones: desde lo más general a lo más específico. En nuestro ejemplo, usted tiene en sus manos un libro en particular, un libro específico. En el lenguaje OOP, usted tiene en sus manos una instancia de la clase libro. Los libros tienen ciertos atributos que son comunes y por tanto son compartidas por todos los libros: una portada, varios capítulos, no tienen anuncios, etc. Los libros también tienen atributos comunes a publicaciones generales: título, fecha de publicación, editorial, etc. Todavía tienen atributos comunes a los objetos físicos: localización, tamaño, forma y peso. Esta idea de atributos comunes es muy importante en C ++. C ++ modela el concepto de atributos usando la **herencia**.

Hay ciertas cosas que usted hace con y para ciertos objetos, y estas acciones son diferentes de un objeto a otro. Por ejemplo, se puede leer un libro, hojear sus páginas. Usted puede mirar un título, realizar una búsqueda de un capítulo específico, usar el índice, contar el número de páginas, etc. Estas acciones sólo se aplican a las publicaciones. Usted no podría ver las páginas de un martillo, por ejemplo. Sin embargo, hay acciones que son genéricas y aplicables a todos los objetos físicos, cómo pesarlos. C ++ también tiene en cuenta este hecho y modela estos casos usando la herencia.

La naturaleza jerárquica de las categorías de objetos, como nuestra organización jerárquica de los atributos de los objetos y acciones, están contenidos en la sintaxis y el vocabulario de C ++. Por ejemplo, cuando diseña un programa usted va a subdividirlo en objetos, cada uno de los cuales tiene una clase. Va a heredar los atributos de una **clase base** cuando cree una **clase derivada**. Es decir, que va a crear clases más generales de los objetos y luego hacer las clases más específicas, a partir de las clases generales, derivando lo particular a partir de lo general. Va a **encapsular** los datos en un objeto con funciones miembro y para ampliar las clases usted va a sobrecargar y sobrescribir funciones de la clase base. ¿Confundido? Vamos a examinar un ejemplo sencillo para ver lo que significan estos términos en realidad.

El ejemplo clásico de programación orientada a objetos es un programa gráfico que le permite dibujar objetos - líneas, rectángulos, círculos, etc. - en la pantalla del terminal. ¿Qué tienen en común estos objetos? ¿Qué atributos comparten todos estos objetos? Todos tienen una localización en la pantalla y pueden tener un color. Estos atributos - ubicación y color - son comunes a todas las formas que aparecen en pantalla. Así que, como diseñador del programa podría crear una clase base - o en otras palabras, una clase genérica de objetos - para contener los atributos comunes a todos los objetos que se muestran en la pantalla. Esta clase base podría ser llamada *Forma* para identificarla mejor como una clase genérica. A continuación, podría derivar varios objetos - círculos, cuadrados, líneas – a partir de esta clase base mediante la adición de nuevos atributos que son específicos para cada forma particular. Un círculo específico dibujado en la pantalla es una instancia de la clase *Círculo* que hereda una parte de sus atributos de una clase más general llamada *Forma*. Puede crear un conjunto de jerarquía como en C, pero no es tan fácil como en C ++. C ++ contiene la sintaxis para el tratamiento de herencia. Por ejemplo, en C usted podría crear una estructura básica para contener los atributos de ubicación y color de los objetos. Las estructuras específicas de cada objeto podrían incluir la estructura básica y ampliarla. C ++ hace este proceso más simple. En C ++, las funciones se agrupan, montadas dentro de una estructura y esta estructura se denomina clase. Por lo tanto, la clase base puede tener funciones, denominadas en C ++ funciones miembro, que permiten que los objetos sean movidos o coloreados. Las clases derivadas pueden utilizar estas funciones miembro de la clase base tal como son, crear nuevas funciones o sobreescribir funciones de la clase base.

La característica más importante que diferencia C ++ de C es la idea de clase, tanto en nivel sintáctico como en nivel conceptual. Las clases le permiten utilizar todas las facilidades de la programación orientada a objetos - encapsulación, herencia y polimorfismo - en sus programas en C ++. Las clases son la estructura básica sobre la que se aplican otras características, tales como la sobrecarga de operadores para los nuevos tipos de datos definidos por el programador. Todo esto puede parecer confuso o desordenado por ahora, pero a medida que usted se familiarice con los conceptos y el vocabulario se dará cuenta de todo el potencial de estas técnicas

LA EVOLUCIÓN DE CLASE

Entendidos los poderosos conceptos agregados al concepto de clase, la comprensión de la sintaxis se vuelve casi automática. *Una clase es simplemente una mejora de las estructuras de C. Básicamente, una clase le permite crear una estructura que contiene también todas las funciones para manejar los datos de la estructura.* Este proceso se denomina encapsulación. Es un concepto muy simple pero es el punto central de la orientación a objetos: **datos + funciones = objetos**. Las clases también se pueden construir sobre otras clases utilizando la herencia. Con la herencia, una nueva clase amplía las capacidades de la clase base. Por último, las nuevas clases pueden modificar el comportamiento de sus clases base, una capacidad conocida como **polimorfismo**.

Esta es una nueva forma de pensar código: un enfoque tridimensional. Se puede considerar un código lineal, que no contiene ni invoca a cualquier función como un código unidimensional. Un código que comienza en el inicio y termina en el fin (sic). Nada más. Ahora usted agrega funciones a este código lineal para eliminar la redundancia de codificación y da nombre a estas porciones de código, identificando así las funciones. Este es un código en dos dimensiones. Ahora vamos a añadir una tercera dimensión a todo esto agrupando las funciones y los datos en clases para que el código se vuelva aún más organizado. La jerarquía de clases creada por la herencia de clases establece la tercera dimensión. Así como volar un avión es más difícil que la conducción de un coche, porque volar añade una tercera dimensión al problema de la orientación, la programación orientada a objetos puede requerir algún tiempo para ser plenamente comprendida.

Una de las mejores maneras de entender las clases y su importancia para usted como programador es aprender cómo y por qué el concepto de clase evolucionó. Las raíces del concepto de clase nos llevan a un tema llamado **abstracción de datos**.

Imagínese que usted está buscando en una típica sala de estudiantes de computación llena de alumnos escribiendo programas. Imagine que algunos de estos estudiantes son estudiantes de primer semestre de Pascal. Ellos ya saben cómo crear sentencias if, bucles y matrices y, por tanto, están casi listos para escribir código, pero todavía no saben cómo organizar sus pensamientos. Si usted le pide a uno de ellos que cree un programa, creará un código que funciona de cualquier manera. No será una buena solución, pero probablemente vaya a funcionar. Imagínese ahora que usted pide a estos estudiantes que creen un programa para ejecutar el juego del cañón. Un juego en el que los jugadores tienen una bola y un objetivo y obstáculos en el suelo. La ubicación del objetivo, el terreno y obstáculos cambian de juego a juego. El objetivo es establecer un ángulo de trayectoria y una fuerza se aplica a la bola para que llegue a la meta sin tocar ninguno de los obstáculos del terreno.

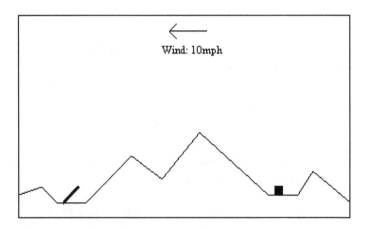

Suponga que los datos del terreno se encuentran en un archivo de texto que contiene los pares de coordenadas. Las coordenadas son puntos finales de los segmentos de línea que definen el suelo. Los alumnos imaginan que necesitan leer este archivo para poder dibujar el terreno y aún así mantener el archivo en la memoria para comprobar las intersecciones de la trayectoria de la pelota con las coordenadas del terreno y así determinar el punto del terreno donde la pelota para. Entonces, ¿qué es lo que hacen? Declaran una matriz global para contener las coordenadas, leen el archivo y almacenan los datos en la matriz y usan la matriz donde sea necesario, en cualquier punto del programa.

El problema con este enfoque es que la matriz está como embutida en todo el código. Si se necesita hacer un cambio, por ejemplo, en lugar de la matriz utilizar una lista enlazada, el programa tendrá que ser reescrito porque contiene referencias explícitas a la matriz. Desde el punto de vista de la producción de programas profesionales este es un enfoque malo porque las estructuras de datos se cambian con frecuencia en los sistemas de información reales.

Una mejor manera de diseñar el programa es utilizar un tipo de datos abstracto. En este enfoque, el programador primero debe decidir cómo se utilizarán los datos. En nuestro ejemplo del terreno, el programador podría pensar: *"Bueno, tengo que ser capaz de cargar las coordenadas del terreno, independientemente de dónde vengan, para dibujar el terreno en la pantalla y para comprobar las intersecciones de la trayectoria de la pelota con los obstáculos del terreno"*. Observe que el último enfoque abstrae la forma como los datos serán almacenados, no haciendo ninguna mención a matriz o lista enlazada. Entonces, el programador crea una función para implementar las capacidades que se necesitan. Las funciones pueden ser llamadas:

```
carga_terreno
diseña_terreno
verifica_intersecciones
```

Estas funciones se utilizan durante todo el programa. Las funciones actúan como una barrera. Esconden la estructura de datos, separándola del programa. Si más adelante la estructura de datos necesita ser cambiada, por ejemplo de una matriz a una lista enlazada, la mayor parte del programa no se verá afectado. Sólo las funciones deberán ser modificadas. Así, el programador ha creado un tipo de datos abstracto.

Algunos lenguajes formalizan este concepto. En Pascal se puede utilizar un *unit*, en C se puede utilizar una biblioteca para crear un fichero de complicación independiente que contiene la estructura de datos y las funciones que los procesan. Puede determinar que la estructura de datos esta oculta, de tal manera que la matriz sea accedida exclusivamente por las funciones internas de la unidad.

Además, la unidad puede ser compilada para ocultar el propio código. Por lo tanto, otros programadores pueden llamar a las funciones a través de una interfaz pública pero no pueden modificar el código original.

Units en Pascal y las bibliotecas en C representan un paso en esa cadena evolutiva. Comienzan a abordar el problema de la abstracción de datos pero no van lo suficientemente lejos. Funciona, no obstante, con algunos problemas:

Lo más importante de ellos es que no son fáciles de modificar o ampliar las capacidades de un *unit* después de la compilación.

Estos tipos abstractos no encajan muy bien en el lenguaje original. Sintácticamente son una confusión y no aceptan los operadores normales del lenguaje. Por ejemplo, si crea un nuevo tipo de datos para que la operación de suma sea natural, no hay modo de usar el signo + para representar la operación, en lugar de eso tiene que crear una función de suma.

Si oculta una matriz en una *unit* usted podrá tener sólo una matriz. No se pueden crear varias instancias de tipos de datos.

Las clases en C ++ eliminan estas deficiencias.

C ++ Y LA ABSTRACCIÓN DE DATOS

En respuesta a estos problemas, los lenguajes orientados a objetos como C ++ ofrecen formas extensibles y fáciles de implementar la abstracción de datos. Todo lo que tiene que hacer es cambiar su enfoque y pasar a pensar en la solución de problemas con un enfoque abstracto. Este cambio de mentalidad será más fácil cuando haya examinado algunos ejemplos.

En primer lugar se trata de pensar en términos de tipos de datos. Cuando se crea un nuevo tipo de datos, es necesario pensar en todas las cosas que pretende hacer este y luego agrupar todas las funciones creadas específicamente para tratar con el tipo de datos. Por ejemplo, digamos que usted está creando un programa que requiere un tipo de datos rectángulo, que contiene dos pares de coordenadas. Usted debe pensar "¿qué voy a necesitar para este tipo de datos?". Usted podría comenzar con las siguientes acciones: establecer un valor para las coordenadas, verificar su igualdad con otro rectángulo, verificar intersección con otro rectángulo y comprobar si un punto dado está dentro del rectángulo. Si usted necesita un dato del terreno, se sigue el mismo proceso y comienza con funciones para cargar los datos de terreno, dibujar el terreno y así sucesivamente. A continuación, agrupa estas funciones, junto con los datos. Hacer esto para cada tipo de datos que necesite en el programa es la esencia de la programación orientada a objetos.

La otra técnica usada en el enfoque orientado a objetos implica el entrenamiento de su mente para pensar en la jerarquía, desde lo más general a lo más específico. Por ejemplo, cuando este pensando sobre un objeto en el terreno, usted debe reparar en las similitudes entre esta estructura de datos y una lista. Puede ver la descripción del terreno como una lista de coordenadas cargadas desde un archivo. Una lista es un objeto genérico que se puede utilizar en varios puntos de varios programas. Así, puede crear una clase genérica Lista y construir el objeto terreno a partir de ella. Vamos a examinar este proceso con más detalle a lo largo de este libro.

CLASES

Usaremos un ejemplo específico para consolidar algunas de las ideas presentadas anteriormente. En este capítulo vamos a examinar un programa simple de lista de direcciones implementado en C, comprobando como este programa se puede convertir en C ++ añadiendo clases.

UN PROGRAMA PARA LISTAR DIRECCIONES

Digamos que quiere crear un programa de lista de direcciones que maneja una lista de nombres y direcciones. La primera acción a tomar con el fin de crear el programa es describirlo. Una buena descripción del programa le ayudará a encontrar los objetos que componen el programa, por lo que es útil en el diseño de programas en C ++. La descripción le ayudará a ver qué objetos se deben crear, así como las funciones que deben aplicarse en cada objeto. He aquí una descripción típica:

Quiero crear un programa de lista de direcciones. El programa tendrá una lista de nombres y direcciones. El usuario será capaz de agregar elementos a la lista, ver la lista en la pantalla y encontrar elementos de la lista.

Usted puede notar que esta descripción es muy general, de alto nivel. No menciona nada sobre la interfaz de usuario, lectura y almacenamiento de información en disco, comprobación de errores, el formato de los registros o de la estructura de datos. Todos esos detalles de implementación vendrán después. El punto central aquí es explorar la descripción dada y ver lo que ella menciona. La descripción habla de un **objeto** - una lista - y un conjunto de **acciones** sobre este objeto: añadir, mostrar y buscar. Vamos a proceder con la descripción del programa:

La lista se puede cargar desde el disco y se guarda en el disco. Al iniciar el programa, se carga la lista y se muestra un menú que permite al usuario seleccionar una de las siguientes opciones: añadir, borrar, buscar y cerrar la ejecución del programa. Cuando el usuario selecciona Cerrar, la lista se guarda en el disco y el programa terminará.

De esta descripción se puede ver que hay dos nuevas acciones para el objeto de la lista: cargar y guardar. También podrá notar que tenemos dos nuevos objetos a desarrollar: el objeto **menú** y el objeto **programa**. La descripción menciona dos acciones en el menú: seleccionar y presentar. El objeto programa tiene, hasta el momento, tres acciones: inicializar, presentar menú y cerrar. Lo más importante a explorar en esta descripción es el hecho de que un programa de aplicación se subdivide en objetos casi de manera natural. A medida que usted describe el programa puede ver los objetos en la descripción. Los objetos son por lo general los sustantivos utilizados en la descripción. También puede ver las acciones sobre los objetos, que suelen ser los verbos.

Una buena técnica para encontrar los objetos que componen un programa es describir el programa y luego hacer una lista de los nombres que aparecen en la descripción. Eliminando de esta lista las cosas externas al programa, como usuario, terminal, etc. se tiene la lista de los objetos con los que el programa va a tener que lidiar. Del mismo modo, haciendo una lista de los verbos que aparecen en la descripción se puede enumerar las acciones en cada uno de los objetos.

UN PROGRAMA EN ESTILO ANTIGUO

Empezaremos creando este programa de lista de direcciones con la implementación en C. Luego lo migraremos a C ++ añadiendo clases. El código siguiente muestra una implementación muy simple del programa lista de direcciones utilizando las funciones normales. El programa puede agregar elementos a la lista, mostrar la lista en el terminal y buscar un elemento en la lista. La lista está contenida en una matriz global.

```
#include <iostream.h>
#include <string.h>

typedef struct
{
char nombre[20];
char ciudad [20];
char estado[20];
} addrStruct;

const int MAX=10;
addrStruct list[MAX];
int numInList;

void añadeNombre()
{
if (numInList < MAX)
{
cout << "Introduzca nombre: ";
cin >> list[numInList].nombre;
cout << "Introduzca ciudad: ";
cin >> list[numInList].ciudad;
cout << "Introduzca estado: ";
```

```
cin >> list[numInList].estado;
numInList++;
}
else
{
cout << "Lista llena\n";
}
}

void imprimeUnNombre(int i)
{
cout << endl;
cout << list[i].nombre << endl;
cout << list[i].ciudad << endl;
cout << list[i].estado << endl;
}

void imprimeNombre()
{
int i;
for (i=0; i < numInList; i++)
imprimeUnNombre (i);
cout << endl;
}

void encuentraNombre()
{
char s[20];
int i;
int found=0;

if (numInList==0)
{
cout << "Lista vacia\n";
}
```

```
else
{
cout << "Introduzca el nombre a buscar: ";
cin >> s;
for (i=0; i < numInList; i++)
{
if (strcmp(s,list[i].name)==0)
{
imprimeUnNombre(i);
found=1;
}
}
if (!found)
cout << "No encontrado\n";
}
}

void dibujaMenu()
{
cout << "Menu lista de direcciones\n";
cout << "  1 - añadir a lista\n";
cout << "  2 - imprimir lista\n";
cout << "  3 - encontrar nombre\n";
cout << "  4 - salir\n";
cout << "Escoja una opción: ";
}

void main()
{
char choice[10];
int done=0;
numInList=0;
while (!done)
{
dibujaMenu();
```

```
cin >> choice;
switch(choice[0])
{
case '1':
añadeNombre();
break;

case '2':
imprimeNombre();
break;

case '3':
encuentraNombre();
break;

case '4':
done=1;
break;

default:
cout << "Opción no valida.\n";
}
}
}
```

Este programa tiene una estructura y una organización antiguas y ampliamente conocidas. Las funciones se utilizan para subdividir el código. Hay una función para cada uno de los elementos del menú, una función que representa el menú y la función imprimeUnNombre contiene un extracto de código redundante usado en dos lugares en el programa. Este programa muestra los dos principales usos de las funciones en el pasado: La descomposición/identificación de código y la eliminación de redundancia de codificación.

Hay un problema fundamental con este programa: El código está altamente ligado a la matriz global. Como se muestra en el diagrama, la matriz es integral y se hace referencia directamente a ella a lo largo del programa.

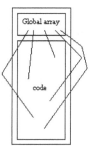

No hay ninguna manera sencilla de modificar la solución de matriz para otra estructura sin volver a escribir casi todo el código. El código que implementa el programa - que por lo tanto contiene la solución del problema - no tiene porque preocuparse por la organización física de la lista en una matriz. El código para manejar la organización de la lista en la matriz no debe estar embutido en el programa. Está en el lugar equivocado.

La idea subyacente a la abstracción de datos es proteger las variables globales, como una matriz global, de la manipulación directa por los programas de aplicación. Aislando, a través de llamadas a funciones, las variables que implementan físicamente a la lista del resto del programa, podemos obtener tres beneficios:

• Es mucho más fácil modificar la implementación de la lista en el futuro, porque el único código que necesita ser cambiado es el que se ocupa específicamente de la implementación de la lista.

• El programa está mejor organizado debido a que los conceptos y las normas inherentes a la lista se separan del programa, tanto como es posible.

• El código específico de la implementación de la lista puede ser usado en otros programas de aplicación.

En C, se puede hacer este programa de la siguiente manera:

```c
#include <iostream.h>
#include <string.h>

typedef struct
{
char nombre[20];
char ciudad [20];
char estado[20];
} addrStruct;

//-------- datos y funciones -------
const int MAX=10;
addrStruct list[MAX];
int numInList;

void listInit()
{
numInList=0;
}

void listTerminate()
```

```
{
}

int listFull()
{
if (numInList >=MAX) return 1; else return 0;
}

int listEmpty()
{
if (numInList==0) return 1; else return 0;
}

int listSize()
{
return numInList;
}

int listAdd(addrStruct addr)
{
if (!listFull())
{
list[numInList++]=addr;
return 0;   // devuelve 0 si todo va bien

}
return 1;
}

int listGet(addrStruct&  addr, int i)
{
if (i < listSize())
{
addr=list[i];
return 0;   // devuelve 0 si todo va bien
```

```
}
return 1;
}
//----------------------------------------------

void añadeNombre()
{
addrStruct a;

if (!listFull())
{
cout << "Introduzca nombre: ";
cin >> a.nombre;
cout << "Introduzca ciudad: ";
cin >> a.ciudad;
cout << "Introduzca estado: ";
cin >> a.estado;
listAdd(a);
}
else
cout << "Lista llena\n";
}

void imprimeUnNombre(addrStruct a)
{
cout << endl;
cout << a.nombre << endl;
cout << a.ciudad << endl;
cout << a.estado << endl;
}

void imprimeNombres()
{
int i;
addrStruct a;
```

```
for (i=0; i < listSize(); i++)
{
listGet(a,i);
imprimeUnNombre(a);
}
cout << endl;
}

void encuentraNombre()
{
char s[20];
int i;
int found=0;
addrStruct a;

if (listSize==0)
cout << "Lista vacia\n";
else
{
cout << "Introduzca un nombre a encontrar: ";
cin >> s;
for (i=0; i < listSize(); i++)
{
listGet(a, i);
if (strcmp(s,a.nombre)==0)
{
imprimeUnNombre (a);
found=1;
}
}
if (!found)
cout << "No encontrado\n";
}
}
```

```
void dibujaMenu()
{
cout << "Menu lista de direcciones\n";
cout << "  1 - añadir a lista\n";
cout << "  2 - imprimir lista\n";
cout << "  3 - encontrar nombre\n";
cout << "  4 - salir\n";
cout << "Escoja una opción: ";
}

void main()
{
char choice[10];
int done=0;
listInit();
while (!done)
{
dibujaMenu();
cin >> choice;
switch(choice[0])
{
case '1':
añadeNombre();
break;
case '2':
imprimeNombre();
break;
case '3':
encuentraNombre();
break;
case '4':
done=1;
break;
default: cout << "Opción no valida.\n";
```

```
    }
  }
  listTerminate();
}
```

En la parte superior del programa hay siete funciones, así como las variables utilizadas para implementar físicamente la lista. El propósito de estas funciones es la de proteger completamente, o encapsular, las variables. Usando las funciones de la lista, se puede hacer todo lo que el programa necesita hacer con la lista, sin utilizar directamente ninguna de las variables reales de la implementación de la lista. Las funciones actúan como una pared entre las variables y el programa de aplicación.

Con esta estructura de programa, cualquier cambio en la implementación de la lista - por ejemplo, modificarla de matriz a lista enlazada - no tiene ningún impacto en el programa, ya que sólo las siete funciones de la lista tendrían que ser modificadas. La estructura de este programa se muestra a continuación.

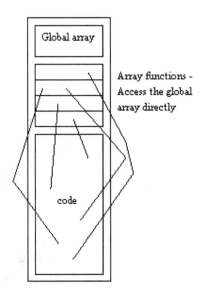

Algunas de estas funciones pueden parecer irrelevantes o prescindibles. Por ejemplo, la función listTerminate realmente no contiene ningún código. Esta presente en el código en previsión de futuras necesidades. Si la aplicación se cambia de matriz a lista enlazada, necesitamos una función para excluir todos los elementos de la lista, para evitar la retención de la memoria que ya no se utiliza.

La función listSize contiene sólo una línea de código, pero si la lista se implementa usando un árbol binario, esta función tendrá que recorrer todo el árbol de forma recursiva para realizar el recuento de sus elementos, en cuyo caso, será mucho más grande que la única línea presentada en el programa anterior.

Lo que estamos haciendo aquí es pensar en todas las funciones que podrían ser realmente necesarias para una implementación genérica de lista, sin estar sujetos a una forma de implementación física de la lista en particular.

Aunque la implementación de encima realice bien la tarea de aislar la implementación de la lista del resto del programa de la aplicación, esta tiene aún algunos problemas. Por ejemplo, cualquiera puede modificar el programa, pasando a usar directamente las variables de la implementación de la lista, con lo que se hace caso omiso de la pared aislante compuesta por las funciones de la lista. En otras palabras, no hay ninguna obligación de utilizar las funciones de la lista. Además, no es muy fácil usar dos listas en el mismo programa. Todas las funciones de la lista dependen de la existencia de una sola matriz. Usted puede pensar en la solución de este problema pasando la matriz como parámetro a la función pero esta alternativa tendrá un resultado muy confuso. C ++ resuelve estos problemas con las **clases**.

DEFINIENDO UNA CLASE

El siguiente código toma los datos y las siete funciones de la implementación de lista del programa anterior y los implementa como una clase C ++ y utiliza esa clase en el programa.

```
#include <iostream.h>
#include <string.h>

typedef struct
{
char nombre[20];
char ciudad [20];
char estado[20];
```

```
} addrStruct;

const int MAX = 10;

class List
{
addrStruct list[MAX];
int numInList;
public:
List(): numInList(0) // constructor
{
}
~List() // destructor
{
}
int Full()
{
if (numInList >=MAX) return 1; else return 0;
}
int Empty()
{
if (numInList==0) return 1; else return 0;
}
int Size()
{
return numInList;
}
int Add(addrStruct addr)
{
if (!Full())
{
list[numInList++]=addr;
return 0;  // devuelve 0 si todo va bien
}
return 1;
```

```cpp
}
int Get(addrStruct&  addr, int i)
{
if (i < Size())
{
addr=list[i];
return 0;   // devuelve 0 si todo va bien
}
return 1;
}
};
//------------------------------------------------

List list;

void añadeNombre()
{
addrStruct a;

if (!list.Full())
{
cout << "Introduzca nombre: ";
cin >> a.nombre;
cout << "Introduzca ciudad: ";
cin >> a.ciudad;
cout << "Introduzca estado: ";
cin >> a.estado;
list.Add(a);
}
else
cout << "Lista llena\n";
}

void imprimeUnNombre(addrStruct a)
{
```

```
cout << endl;
cout << a.nombre << endl;
cout << a.ciudad << endl;
cout << a.estado << endl;
}

void imprimeNombre()
{
int i;
addrStruct a;

for (i=0; i < list.Size(); i++)
{
list.Get(a,i);
imprimeUnNombre(a);
}
cout << endl;
}

void encuentraNombre()
{
char s[20];
int i;
int found=0;
addrStruct a;

if (list.Size()==0)
cout << "Lista vacia\n";
else
{
cout << "Introduzca el nombre a buscar: ";
cin >> s;
for (i=0; i < list.Size(); i++)
{
list.Get(a, i);
```

```cpp
if (strcmp(s,a.nombre)==0)
{
imprimeUnNombre(a);
found=1;
}
}
if (!found)
cout << "No encontrado\n";
}
}

void dibujaMenu()
{
cout << "Menu lista de direcciones\n";
cout << "  1 - añadir a lista\n";
cout << "  2 - imprimir lista\n";
cout << "  3 - encontrar nombre\n";
cout << "  4 - salir\n";
cout << "Escoja una opción: ";
}

int main()
{
char choice[10];
int done=0;

while (!done)
{
dibujaMenu();
cin >> choice;
switch(choice[0])
{
case '1':
añadeNombre();
break;
```

```
case '2':
imprimeNombre();
break;
case '3':
encuentraNombre();
break;
case '4':
done=1;
break;
default:
cout << "Opción no valida.\n";
}
}
return 0;
// list se destruye cuando sale del entorno.
}
```

La clase lista está definida cerca de la parte superior del programa y comienza con las palabras class List. Esto es como una declaración de tipo: la instancia real de lista aparece en la línea:

```
List list;
```

Esta línea declara una variable denominada list del tipo class List.

Tenga en cuenta que la clase List se inicia de forma muy similar a una estructura. Se declara dos variables de la misma manera que lo haría en una declaración de la estructura. Estas variables se denominan datos miembro.

A continuación, la definición de clase contiene la palabra *public*. Esta palabra indica que las siguientes funciones pueden ser invocadas por cualquier código que utiliza esta clase. El término opuesto es *private*, y se utiliza cuando las funciones o los datos deben permanecer ocultos dentro de la clase, invisibles a cualquier código que use la clase.

Las variables y funciones definidas dentro de una clase son *private* por defecto.

Después de definir los datos miembro viene la definición de las **funciones miembro**. Estas son las funciones que se pueden aplicar a las instancias de la clase. Las dos primeras funciones en nuestro ejemplo - List y ~ List - tienen un significado único. Se denominan constructor y destructor, respectivamente.

El constructor se llama automáticamente siempre y cuando hay una instancia de la clase. En este caso, una instancia de la clase List existe tan pronto como se inicia el programa, ya que se declara como una variable global, pero no siempre las instancias de una clase se declaran como variables globales. Así que, por regla general, el constructor se llama automáticamente cuando una instancia de la clase pasa a existir y los constructores de punteros se activan cuando *new* se llama para el puntero. El constructor tiene el mismo nombre que la clase:

```
List(): numInList(0) // constructor
{
}
```

La inicialización del dato miembro numInList es único en este caso. Otra forma de hacer esto es:

```
List() // constructor
{
numInList = 0;
}
```

La primera forma es, sin embargo, más eficiente en tiempo de ejecución, debido a la forma como C ++ internamente inicializa la clase. La sintaxis cuando se usa como se muestra en este constructor, inicializa el dato miembro numInList asignándole el valor 0 (cero) y se debe utilizar cada vez que se inicializa datos miembro en un constructor.

El destructor - ~List en nuestro ejemplo - se llama automáticamente cuando se cierra el ámbito en el que se ha declarado la instancia de la clase, que es donde entonces la instancia se elimina. Los destructores son únicos, estrictamente limitados a las variables de la clase, y pueden referenciar variables de clase en cualquier momento.

La variable list es una instancia de la clase List. Si List se tratara de una lista unidimensional se declararía de forma similar a la que fue declarada en nuestro ejemplo y funcionaría de la misma forma.

La variable list es tan grande como el tamaño de sus datos miembros. Las funciones, en realidad, no ocupan cualquier espacio físico en las instancias de la clase. La sintaxis del lenguaje sólo permite que sean declaradas y usadas, con instancias de la clase, pero no las implementa físicamente a cada instancia de la clase.

La instancia list se usa a lo largo de todo el programa. Cada vez que algo necesita ser hecho con list, usted encuentra el nombre de la instancia seguido de un punto y del nombre de la función. Una vez más, esta notación sigue la sintaxis utilizada para estructuras. El punto significa llamar a la función miembro de la clase List para la instancia específica list.

Esto puede no tener sentido para usted inmediatamente. Aún así, está bien. El aspecto importante que cabe extraer de este ejemplo es que todo lo que hicimos fue tomar algunos datos - en este caso, una matriz y un entero - y las funciones necesarias para manipular estas variables, y lo colocamos todo junto dentro de los límites de una clase. Ahora a las variables no se puede acceder directamente por el resto del código, por el código externo a la clase. Debido al hecho de que son miembros privados de la clase, sólo pueden ser accedidas por funciones miembro de la clase y no por cualquier otra parte del código, que no pertenece a la clase. El objeto de list- datos y funciones se unen en objetos - sólo pueden ser accedidos a través de funciones miembro.

UN EJEMPLO MÁS SIMPLE

El último ejemplo puede haber sido demasiado grande. Vamos a examinar la clase *Pila* para revisar algunos conceptos en un ejemplo más pequeño.

```
#include <iostream.h>

class Pila
{
int stk[100];
int top;
public:
Pila(): top(0) {}
~Pila() {}
void Clear() {top=0;}
void Push(int i) {if (top < 100) stk[top++]=i;}
int Pop()
{
if (top > 0) return stk[--top];
else return 0;
}
int Size() {return top;}
};
```

```
int main()
{
Pila pila1, pila2;

pila1.Push(10);
pila1.Push(20);
pila1.Push(30);
cout << pila1.Pop() << endl;
pila2= pila1;
cout << pila1.Pop() << endl;
cout << pila2.Pop() << endl;
cout << pila1.Size() << endl;
cout << pila2.Size() << endl;
return 0;
}
```

Este programa consta de dos partes: la clase *Pila* y la función principal *main*. La clase define el tipo Pila y dos instancias de este tipo se declaran dentro de main. Cada instancia tendrá su propia copia de los datos miembro stk y top, y la operación sizeof para cada una de ellas indicaría exactamente el espacio necesario asignado a cada una (204 o 404 bytes, dependiendo del entorno). Una clase utiliza tanto espacio en memoria como una estructura utilizaría para los mismos datos miembro. No hay memoria adicional por la existencia de funciones miembro.

La clase contiene un constructor, un destructor y otras cuatro funciones, y cada una es *public*. Debido a que las funciones son públicas, pueden ser llamadas por cualquier instancia de la clase. El constructor se llama cuando las variables de pila son instanciadas, y el destructor se llama cuando se cierra el ámbito en el que se crearon estas variables. Dentro de la función main, se realizan diferentes llamadas a las otras cuatro funciones miembro de clase, usando el nombre de instancia seguida de un punto y el nombre de la función. Por ejemplo:

```
pila1.Push(10);
```

Esta línea indica que el valor 10 debe ser colocado en *pila1*. La instancia *pila1* contiene dos elementos de datos (stk y top), que contienen los valores. Esta línea llama a la función Push para la estructura contenida en *pila1*, ejecuta los comandos de la función Push, asigna el valor 10 para el elemento de matriz y para el entero contenido dentro de *pila1*. Hay dos *Pila* completamente separados en este programa: *pila1* y *pila2*. Un comando como pila2.Push (5) significa que 5 se debe colocar en la estructura *pila2*.

Es interesante examinar el comando de atribución colocado en medio de la función main. Este comando hace lo que haría un comando de asignación entre dos estructuras: los valores de los datos miembros de la instancia a la derecha del comando son copiados para los datos miembro de la instancia a la izquierda.

```
pila2 = pila1;
```

Después de ejecutar el comando, las dos *Pila* contienen los mismos valores. Esto por lo general funciona bien pero si alguno de los datos miembro fuera un puntero es necesario tomar algunas precauciones.

UNA CLASE RECTÁNGULO

¿Cómo se decide qué debe y qué no debe ser implementado en forma de objeto?

En esencia lo que usted hace es tomar en conjunto cada pequeño grupo de elementos de datos interrelacionados que encuentre en el programa, adjuntar algunas funciones al conjunto y definir una clase. En el ejemplo anterior - clase Pila, la matriz stk y el entero top. Las funciones relacionadas con ese pequeño grupo de datos son Push, Pop, Clear y Size. Uniendo los datos y las funciones se obtiene una clase.

Digamos que usted necesita almacenar las coordenadas de un rectángulo en uno de sus programas. Sus variables se denominan x1, y1, x2 e y2. x1 e y1 representan la esquina superior izquierda, y x2 e y2 representan la esquina inferior derecha. Estas cuatro variables representan juntos un rectángulo. ¿Cuáles son las funciones útiles a implementar junto con estas variables? Es necesario inicializar las variables (un trabajo perfecto para el constructor) y puede que tenga que tener maneras de encontrar el perímetro y el área del rectángulo. La clase podría ser implementada como en el ejemplo siguiente:

```
class Rectangulo
{
int x1, y1, x2, y2;
public:
Rectangulo(int left=0,int top=0,
int right=0,int bottom=0):
x1(left),  y1(top),  x2(right),  y2(bottom)
{
}
~Rectangulo() {}
int Alto() { return (y2-y1); }
int Ancho() { return (x2-x1); }
int Area() { return Ancho()*Alto(); }
int Perimetro() { return 2*Ancho()+2*Alto();}
};
```

Si examina ligeramente el programa que se está construyendo y trata de identificar a cada agrupación natural de datos y las funciones útiles que manipulan estos grupos de datos, usted ya está dando un gran paso para implementar su programa orientado a objetos.

CARACTERÍSTICAS ESPECÍFICAS DE LAS CLASES

Vamos a repasar algunas de las características específicas de las clases.

En primer lugar, cada clase tiene un *constructor* y un *destructor*. El constructor se llama cuando una instancia de la clase se crea y el destructor se llama cuando se destruye la instancia, que suele ser el punto del programa en que termina el ámbito en el que se creó la instancia de la clase. El siguiente ejemplo puede ayudar a aprender un poco más sobre constructores y destructores:

```cpp
#include <iostream.h>

class Ejemplo
{
int num;
public:
Ejemplo(int i): num(i)
{
cout << "constructor " << num
<< " llamado" << endl;
}
~Ejemplo()
{
cout << "destructor " << num
<< " llamado" << endl;}
};

int main()
{
```

```
Ejemplo *sp;
Ejemplo s(1);
cout << "linea 1" << endl;
{
Ejemplo temp(2);
cout << "linea 2" << endl;
}
cout << "linea 3" << endl;
sp = new Ejemplo(3);
cout << "linea 4" << endl;
delete sp;
cout << "linea 5" << endl;
return 0;}
```

Con papel y lápiz, siga en su escritorio, paso a paso, la ejecución de este código y trate de predecir lo que sucederá en una ejecución real. A continuación, ejecute el mismo código con una herramienta de depuración en la modalidad single-etepping y vea que pasa.

Los datos miembro y funciones miembro pueden ser *public* o *private*, dependiendo de cómo se hayan definido dentro del programa. La mejor regla para preservar los beneficios de la orientación a objetos es no utilizar los datos miembro *public*. Un dato miembro *public* puede ser accedido a partir de cualquier punto del programa, en cuanto los datos miembro *private* solamente pueden ser accedidos por las funciones miembro de la clase. Vamos a modificar un poco la clase *Rectangulo* para ver lo qué pasa.

```
class Rectangulo
{
int x1, y1, x2, y2;
public:
Rectangulo(int left=0,int top=0,
int right=0,int bottom=0):
```

```
x1(left),   y1(top),   x2(right),   y2(bottom)
{
}
~Rectangulo() {}
private:
int Alto() { return (y2-y1); }
int Ancho() { return (x2-x1); }
public:
int Area() { return Ancho()*Alto(); }
int Perimetro() { return 2*Ancho()+2*Alto();}
};
```

Ahora las funciones Ancho y Alto son private. Ellas pueden ser llamadas aquí porque Area y Perimetro son funciones miembro. Pero si usted intenta:

```
Rectangulo r;
...
cout  << r.Alto();
```

usted incurrirá en un error de compilación porque Alto es una función private.

La asignación entre dos instancias de una misma clase simplemente copia los datos miembro de una instancia para a otra. Por ejemplo:

```
Rectangulo r1,r2;
...
r1=r2;
```

es lo mismo que

```
r1.x1 = r2.x1;
r1.y1 = r2.y1;
```

```
r1.x2 = r2.x2;
r1.y2 = r2.y2;
```

Por último, hay dos maneras aceptables para especificar las funciones miembro. Los ejemplos, mostrados anteriormente en este libro representan uno de los métodos, denominado funciones *inline*. El siguiente código muestra el segundo método, aplicado a la clase *Rectangulo*:

```
class Rectangulo
{
        int x1, y1, x2, y2;
public:
        // El constructor usa los parametros por
defecto
        Rectangulo(int left=0,int top=0,
                int right=0,int bottom=0);
        ~Rectangulo();
        int Alto();
        int Ancho();
        int Area();
        int Perimetro();
};

Rectangulo::Rectangulo(int left, int top, int
right, int bottom):
        x1(left), y1(top), x2(right), y2(bottom)
// valores por defecto
{
}
Rectangulo::~Rectangulo()
{
}

int Rectangulo::Alto()
{
        return (x2-x1);
}
```

```
int Rectangulo::Ancho()
{
        return (y2-y1);
}

int Rectangulo::Area()
{
        return Ancho()*Alto();
}

int Rectangulo::Perimetro()
{
        return 2*Ancho()+2*Alto();
}
```

Esa última forma es generalmente más fácil de leer cuando las funciones de la clase son extensas. La notación *Rectangulo ::* especifica la clase a la cual la función pertenece. El código de la definición de la clase contiene básicamente los prototipos de las funciones miembro de la clase.

Hay otras cosas que puede hacer cuando usa una clase pero el material que se presenta aquí contiene las abstracciones de datos simples y las correspondientes funciones para así definir clases. Ahora ya podemos empezar a crear la **jerarquía de clases**.

HERENCIA

Digamos que usted ya ha implementado una lista de clases y ahora quiere modificarlas. En el viejo mundo de la programación usted tomaría el código fuente de cada clase y empezaría a cambiarlo. En el mundo de la programación orientada a objetos usted hace las cosas de manera muy diferente. Usted deja las clases existentes sin cambios, deja el código fuente ya implementado tal como está, y aplica los cambios sobre la implementación actual, usando un proceso llamado **herencia**.

La aplicación de modificaciones a través de la herencia nos lleva a uno de los puntos centrales de la programación orientada a objetos. Se trata de una forma totalmente diferente de modificar los programas existentes, pero tiene varias e importantes ventajas:

• Suponga que usted está utilizando una clase desarrollada por terceros y que usted no tiene el código fuente. Con el mecanismo de herencia usted deja la clase existente intocada y sus cambios se basan en ella, sin necesidad de conocer el código fuente original.

• La implementación original de la clase está - es de esperar - completamente probada y libre de errores. Si usted modifica el código fuente original, todo el esfuerzo de las pruebas tendría que ser repetido. Los cambios sobre el código existente pueden tener efectos secundarios indeseables que no son detectados inmediatamente. Acomodar sus cambios en la clase existente, preserva el código original libre de errores, y sólo el código de las modificaciones necesita ser probado.

• El proceso de cambio basado en el código existente nos obliga a pensar desde una manera más general a una más específica. Usted implementa una clase genérica y luego realiza cambios sobre ella para abordar situaciones específicas. Una buena ventaja de este enfoque es el hecho de que las clases genéricas pueden ser reutilizadas en muchos programas diferentes. Cada nuevo programa realiza cambios sobre la clase original, pero esta sigue siendo la misma en todos los programas donde fue utilizada.

• Si se mejora la clase base, todas las clases construidas sobre ella se aprovechan de esta optimización, sin programas de modificación. Por ejemplo, supongamos que la clase List ha sido optimizada y ahora ejecuta una clasificación de elementos 10 veces más rápido que la primera versión. Todas las clases construidas a partir de List van a ejecutar la clasificación de elementos 10 veces más rápido, sin ninguna otra modificación en los programas.

Estos son los beneficios que normalmente entusiasman a la gente de la programación orientada a objetos.

UN EJEMPLO

Echemos un vistazo a un ejemplo específico para ver cómo funciona la herencia. Supongamos que usted compró un gestor de listas, que tiene las habilidades para insertar elementos en un lugar determinado, para obtener los elementos de la lista e informar del tamaño de la lista. El código de la clase List se muestra a continuación, junto con un pequeño fragmento de código para probar.

```
#include <iostream.h>

class List
{
int array[100];
int cuenta;
```

```
public:
List(): cuenta(0) {}
~List() {}
void Insertar( int n, int posicion )
{
int i;
for (i=cuenta; i >= posicion; i--)
array[i+1] = array[i];
array[location]=n;
count++;
}
int  Get( int posicion) {return array[posicion];}
int Size() { return cuenta; }
};

void main()
{
List list;
int i, value;

for (i=0; i < 10; i++)
list.Insertar(i,i);
list.Insertar(100,5);
list.Insertar(200,7);
list.Insertar(300,0);
for (i=0; i < list.Size(); i++)
cout << list.Get(i) << endl;
}
```

La clase contiene una pequeña rutina de comprobación de errores, obviamente, esta rutina tendría que ser ampliada si se tratara de un producto con fines comerciales.

Ahora suponga que desea modificar esta clase para agregar dos nuevas funciones.

En primer lugar, usted quiere una función de inserción ordenada, de manera que tras la inserción la clase mantenga la lista ordenada.

En segundo lugar, desea mantener actualizada la suma total de los valores de los elementos que componen la lista. En lugar de ir a través de toda la lista efectuando la suma cada vez que la función es llamada, desea que la suma total se actualice cada vez que se inserta un artículo.

Obviamente usted podría modificar el código de la clase *List* mostrado arriba. En C ++ usted utiliza la herencia en lugar de modificar el código existente. Vamos a crear una clase *ListaOrdenada* que hereda la clase *List* y realizar sobre ella las modificaciones. Añadamos la capacidad de insertar de manera ordenada.

```
class ListaOrdenada: public List
{
public:
ListaOrdenada():List() {}

InsertarOrdenado(int n)
{
int i,j;

i=0;
do
{
j = Get(i);
if (j < n ) i++;
} while (j < n && i < Size());
Insertar(n, i);
```

```
}
};
```

La clase *List* original permanece totalmente sin cambios. Nosotros simplemente creamos una clase *ListaOrdenada* sobre la clase *List*. La clase *ListaOrdenada* hereda el comportamiento de la clase *List*, es decir, la clase *ListaOrdenada* es una clase derivada de la clase *List*. La clase *List* es la clase base de *ListaOrdenada*.

La clase *List* se hereda en la primera línea de código de *ListaOrdenada*:

```
class ListaOrdenada: public List
```

Los dos puntos (:) después de *ListaOrdenada* indican que queremos utilizar el mecanismo de herencia. El término *public* indica que queremos que las funciones y las variables *public* en la clase *List* permanezcan *public* en la clase *ListaOrdenada*. En lugar de la palabra *public*, podríamos optar por *private* o *protected*. En cualquier caso todas las variables y funciones públicas de la clase base irán en la clase derivada. El uso de *public* aquí es el valor predeterminado. El siguiente diagrama ilustra lo que sucede.

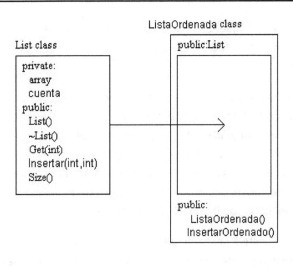

La clase *ListaOrdenada* simplemente extiende, amplía las capacidades de la clase *List*. Cualquier persona que use la clase *ListaOrdenada* tiene acceso tanto a las funciones disponibles en *List* como las nuevas funciones de *ListaOrdenada*.

El constructor de *ListaOrdenada* también tiene un nuevo formato. Utilizamos los dos puntos (:) para llamar al constructor de la clase base.

```
ListaOrdenada():List() {}
```

Esta línea significa que el constructor denominado *List* de la clase base debe ser llamado, y que el constructor de *ListaOrdenada* no tiene nada que hacer.

En el resto del código de la clase *ListaOrdenada* simplemente se añade la nueva función *InsertarOrdenado* a la clase. Esta nueva función hace uso de las funciones originales *Insertar*, *Get* y *Size* pertenecientes a la clase *List*, pero no accede directamente a ningún dato miembro de la clase *List*, porque no podría. Tenga en cuenta que los datos miembro de la clase *List* son *private* y por lo tanto sólo puede acceder a ellos las funciones miembro de la clase *List*. Son invisibles para la clase derivada.

Suponga que usted desea tener una variable o una función que sea *private* a usuarios externos, pero se comporte como *public* para la clase derivada. Por ejemplo, supongamos que la clase *ListaOrdenada* necesita acceder directamente a la matriz contenida en *List* para un mejor rendimiento, pero todavía quiere evitar que los programas de aplicación, usuario de *List* o de *ListaOrdenada* accedan directamente a la matriz. Podemos hacer esto usando *protected*:, donde utilizamos *public*: o *private*: Declarando que la matriz es un miembro *protected* de la clase *List*, la convertimos accesible para las clases derivadas de *List*, pero no por las instancias normales de *List* o de *ListaOrdenada*.

Ahora vamos a añadir la capacidad de totalización a la clase *ListaOrdenada*. Para eso necesitamos una nueva variable, y vamos a tener que modificar el comportamiento de la función de inserción, de forma que actualice la suma. El código necesario para esa implementación se muestra a continuación.

```
class ListaOrdenada: public List
{
private:
```

```
int total;
public:
ListaOrdenada():List(), total(0) {}
void Insertar( int n, int posicion )
{
total = total + n;
List::Insertar(n, posicion);
}
int GetTotal() { return total; }
InsertarOrdenado(int n)
{
int i,j;
i=0;
do
{
j = Get(i);
if (j < n ) i++;
} while (j < n && i < Size());
Insertar(n, i);
}
};
```

En esta nueva versión de la clase *ListaOrdenada*, añadimos un nuevo dato miembro denominado *total*, una nueva función miembro de nombre *getTotal* para rescatar el total actual y una nueva función *Insertar* que se superpone a la función *Insertar* original. Modificamos el constructor de *ListaOrdenada* que pasa a inicializar la variable *total*.

Ahora, cada vez que se utiliza la clase *ListaOrdenada* y la función *Insertar* se invoca, la nueva versión de la función *Insertar* se activa, en lugar de la versión original que se mantiene sin cambios dentro de la clase *List*. Esto también es cierto para la función *InsertarOrdenado* de la clase

ListaOrdenada. Cuando la función *InsertarOrdenado* llama a la función *Insertar*, la nueva función *Insertar* es activada.

El código de la nueva función *Insertar* es de comprensión simple y casi automática:

```
void Insertar( int n, int posicion )
{
total = total + n;
List::Insertar(n, posicion);
}
```

Esta función añade primero el nuevo valor para el contenido actual de la variable *total*. A continuación, llama a la versión original de la función Insertar, heredada de la clase base para insertar el nuevo valor en la lista. La notación List :: determina la clase, dentro de la jerarquía de clases, a la que pertenece la función Insertar que debe ser invocada. En nuestro ejemplo, hay una sencilla jerarquía de sólo dos niveles - la clase base y una clase derivada - lo que hace simple la decisión acerca de qué clase usar. Pero en una jerarquía con múltiples niveles, múltiples capas de herencia, esta técnica debe ser usada para explicar la clase que contiene la versión de la función que desea invocar.

Es esa acomodación de cambios en capas a través del mecanismo de herencia y la capacidad de pensar y trabajar con múltiples niveles de herencia, como se muestra aquí, lo que da a C ++ un sentido tridimensional.

UN EJEMPLO MÁS AVANZADO

Vamos a usar lo que hemos aprendido hasta ahora acerca de la herencia para crear un ejemplo más realista.

Lo que queremos hacer es crear una clase para un nuevo tipo numérico llamado entero de precisión múltiple o abreviado, *epm*. Este nuevo tipo entero funciona como un entero normal, pero puede contener hasta 100 dígitos (por ahora - más adelante veremos cómo extenderlo para tener tantos dígitos como se pueden almacenar en la memoria usando listas enlazadas). Un número de tipo *epm* le permite hacer operaciones como encontrar el valor de 60! (Factorial de 60) o encontrar el valor 300º en una secuencia de Fibonacci.

¿Cual es una buena regla para crear nuevas clases en un entorno de programación orientada a objetos?

Una buena regla es pensar desde lo más genérico a lo más específico. Por ejemplo, ¿Qué es un número entero de precisión múltiple? Es sólo una lista de dígitos. Por lo tanto, puede crear una clase genérica para manejar una lista, con todas las capacidades de inserción de elementos en la lista requeridas para controlar una secuencia de dígitos, y luego añadir a esa clase los recursos necesarios para implementar un número *epm*.

¿Cómo elegimos los recursos necesarios para nuestra lista?

Una buena forma de hacerlo es pensar en lo que tenemos que hacer con los dígitos en las operaciones típicas de *epm*. Alternativamente, si lo prefiere puede tomar una clase *List* existente y construir sobre ella la solución. Vamos a utilizar el primer enfoque - crear una clase *List* - ya que no tenemos una buena clase *List* para utilizar.

¿Cómo se inicializa *epm*?

El número *epm* se inicia sin contener ningún dígito significativo. Vamos a insertar un dígito a la vez para crear un número *epm*. Para el valor de 4.269 *epm* será similar a lo siguiente:

4	2	6	9

Cada cuadrado en este diagrama representa un elemento de la lista y cada elemento de la lista contiene un número entero entre 0 y 9. Necesitamos de la capacidad de añadir dígitos al principio o al final de la lista, en función de donde venga el valor inicial.

Vamos a examinar una suma, como se muestra en la siguiente figura:

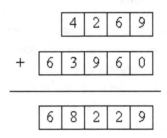

Para implementar la suma vamos a necesitar comenzar con el procesamiento rescatando el último dígito de cada uno de los dos números *epm* que serán sumados, sumar esos dígitos y luego insertar el dígito resultante en un nuevo número *epm* que contendrá el resultado de la suma. Luego tomaremos los dos dígitos a la izquierda del último dígito sumado y repetiremos la misma operación, y así sucesivamente.

Está claro que necesitamos una manera eficiente de movernos desde el final hasta el principio de la lista (por ejemplo funciones *GetLast* y *GetPrevious*) y también necesitamos una función que nos avise de que hemos llegado al inicio de la lista (tal vez un valor de retorno *GetPrevious* pueda indicar que la acción ya no es posible o una función *Size* pueda indicar hasta donde podemos desplazarnos).

Teniendo en cuenta todas nuestras discusiones y ejemplos anteriores con listas, podemos concluir brevemente que nuestra nueva clase *List* tendrá que tener las siguientes capacidades:

• Constructor y destructor
• AddToFront
• AddToEnd
• GetFirst
• GetLast
• GetPrevious
• GetNext
• Size
• Clear

El código que se muestra a continuación implementa la clase *List*:

```
class List
{
int array[100];
int cuenta;
int puntero;
public:
```

```
List(): cuenta(0), puntero(0) {}
~List() {}
void AddToFront(int n)
{
int i;
for(i=cuenta; i >= 1; i--)
array[i]=array[i-1];
array[0]=n;
count++;
}
void AddToEnd(int n)
{
array[cuenta++]=n;
}
// &n es una referencia
int GetFirst(int & n)
{
if (cuenta==0)
return 1;
else
{
n=array[0];
puntero=0;
return 0;
}
}
int GetLast(int & n)
{
if (cuenta==0)
return 1;
else
{
n=array[cuenta-1];
puntero=cuenta-1;
return 0;
```

```
}
}
int GetPrevious(int & n)
{
if (puntero-1 < 0)
return 1;
else
{
puntero--;
n=array[puntero];
return 0;
}
}
int GetNext(int & n)
{
if (puntero+1 > cuenta-1)
return 1;
else
{
puntero++;
n=array[puntero];
return 0;
}
}
int Size() { return cuenta; }
void Clear() { cuenta = 0; }
};
```

En este punto, este código ya debe ser fácilmente comprensible para usted.

List es simplemente una lista genérica de números enteros. Un dato miembro denominado *puntero* apunta a uno de los elementos de la lista y es actualizado por cuatro funciones *Get....* Cada una de estas funciones devuelve 0 para indicar que la operación se ha realizado correctamente o 1 para indicar la operación no se ha podido realizar. Por ejemplo, si el *puntero* no apunta al elemento 0 de la lista (el elemento mas a la izquierda), entonces todavía hay elementos que quedan en el elemento señalado, y la función *GetPrevious* devolverá 0). Las dos funciones *Add....* realizan la suma al principio y al final de la lista. En la versión actual, estas funciones no tienen código para comprobar si hay errores.

La función *AddToFront* contiene una ineficiencia intrínseca, porque cada inserción en ella mueve todo el contenido de la matriz una posición hacia abajo.

La clase *Epm* hereda la clase *List* y la utiliza para construir el tipo numérico *epm*. La clase *Epm* implementa dos constructores: un constructor default que no acepta parámetros, y un segundo constructor que acepta un *string* y lo utiliza para rellenar la lista. También implementa funciones para sumar e imprimir dos números *epm*. A continuación se muestra el código:

```
class Epm: public List
{
public:
Epm():List() {}
Epm(char *s):List()
{
char *p;
for (p=s; *p; p++)
AddToEnd(*p-'0');
}
void Add(Epm & a, Epm & b)
{
int carry, temp;
int erra, errb, na, nb;
```

```
carry=0;
Clear();
erra=a.GetLast(na);
errb=b.GetLast(nb);
while (!erra || !errb)
{
if (erra)
temp=nb+carry;
else if (errb)
temp=na+carry;
else
temp=na+nb+carry;
AddToFront(temp%10);
carry=temp/10;
erra=a.GetPrevious(na);
errb=b.GetPrevious(nb);
}
if (carry > 0)
AddToFront(carry);
}
void Print()
{
int n, err;

err=GetFirst(n);
while( !err )
{
cout << n;
err=GetNext(n);
}
        cout << endl;
}
};
```

La siguiente función *main* prueba la clase *Epm* sumando dos números e imprimiendo el resultado de la suma:

```
void main()
{
Epm a("1234567");
Epm b("1234");
Epm c;

c.Add(a,b);
c.Print();
}
```

Los constructores y la función *Print* son simples y de fácil comprensión.

La función *Add* tal vez le haga recordar sus días en la escuela primaria, ya que hace la suma a la antigua. Comienza con los dos últimos dígitos de cada número a ser sumado; suma esos dígitos; guarda el resultado y anota el valor de la casilla de la decena corriente de la suma. Entonces mueve al elemento anterior de la lista y repite las mismas operaciones. Probablemente los dos números *epm* no tendrán el mismo número de dígitos, por lo que el código debe asegurarse de que no está operando más allá del dígito más a la izquierda de uno de los números *epm*. Esto se hace utilizando las variables *erra* y *errb*. Cuando los dos números *epm* han sido debidamente procesados, el código comprueba si hay uno y guarda el último dígito, si es necesario.

Ejecutando el código de prueba, usted verá que la clase *Epm* funciona como se describe aquí y puede sumar dos números de hasta 100 dígitos cada uno.

Después de usar la clase *Epm* algunas veces, usted comenzará a notar un problema con la función *Add* - no hay manera de escribir algo como m = m + 1, ya que el formato obligatorio de llamada de *Add* es *m.Add (m, one)* donde la variable *one* se inicializa con contenido 1. A causa de esta limitación *Add* debe limpiar el área destinada a contener la suma antes de guardar los resultados allí. Esto lleva a la pérdida de datos cuando la función *Add* se utiliza para *m.Add (m, one)*.

La solución a este problema conduce a la creación de un área temporal para contener el resultado durante la ejecución de la suma. Al final de la función, el resultado final, entonces se debe copiar a la instancia actual. El puntero *this* se utiliza para solucionar este problema, como se muestra a continuación:

```cpp
void Add(Epm & a, Epm & b)
{
int carry, temp;
int erra, errb, na, nb;
Epm x;

carry=0;
erra=a.GetLast(na);
errb=b.GetLast(nb);
while (!erra || !errb)
{
if (erra)
temp=nb+carry;
else if (errb)
temp=na+carry;
else
temp=na+nb+carry;
x.AddToFront(temp%10);
carry=temp/10;
erra=a.GetPrevious(na);
```

```
errb=b.GetPrevious(nb);
}
if (carry > 0)
x.AddToFront(carry);
*this = x;
}
```

En esta última versión de la función *Add*, se creó una variable temporal denominada *x*. El resultado de la suma se coloca en *x*, dígito a dígito. La última línea de código de la función copia el contenido de *x* a la instancia actual. El puntero *this* apunta a la instancia actual de la clase y puede ser aplicado a cualquier instancia de clases en C ++. En otras palabras, *this* es un puntero que apunta al conjunto de datos miembro (una estructura de datos) que forman la instancia de la clase. En este caso utilizamos *this* para economizar el código. Una alternativa sería sustituir la última línea de la función *Add* por:

```
array = x.array;
cuenta = x.cuenta;
puntero = x.puntero;
```

El valor de **this* es la estructura apuntada por *this*. Es una forma más expresa de copiar toda la estructura de datos de una sola vez.

Como último ejemplo de la clase *Epm*, vamos a utilizarla para implementar un localizador de número Fibonacci. La secuencia de Fibonacci es la siguiente:

1, 1, 2, 3, 5, 8, 13, 21, 34, etc.

Cada número en la secuencia es la suma de los dos números anteriores.

Para implementar la función necesitaremos una manera de comprobar la igualdad en números *epm* para controlar un bucle. La función miembro siguiente podría ser añadida a la clase *Epm* para comprobar la igualdad entre dos números *Epm*:

```
int Igual(Epm & a)
{
if (a.Size()!=Size())
return 0;
else
{
int i, na, nb;
a.GetFirst(na);
GetFirst(nb);
for (i=0; i < a.Size(); i++)
if (na!=nb)
return 0;
else
{
a.GetNext(na);
GetNext(nb);
}
return 1;
}
}
```

Implementada esta nueva función, el siguiente código va a encontrar el centésimo número en una secuencia Fibonacci:

```
void main()
{
Epm max("100");
Epm contador("1"), one("1");
Epm t1("0"), t2("1");
Epm d;
```

```
do
{
d.Add(t1,t2);
t1=t2;
t2=d;
contador.Add(contador,one);
} while (!contador.Igual(max));
d.Print();
}
```

El código utiliza dos variables *t1* y *t2* para contener los valores anteriores. Estos valores se suman y *t1* y *t2* se actualizan para los dos próximos valores. El contador se incrementa y el bucle continúa hasta que el contador alcanza un valor predeterminado. Usando ese código el centésimo número fue encontrado:

354.224.848.179.261.915.075

CONCLUSIÓN

En este libro hemos visto cómo se utiliza el mecanismo de herencia para crear una jerarquía de clases y cómo la existencia de la herencia favorece el desarrollo de código con un enfoque desde lo más general hacia lo más específico. La clase *Epm* es un ejemplo perfecto de este enfoque: una clase genérica se utilizó para construir la clase *Epm* porque *epm* no es más que una lista de dígitos.

Aunque hemos logrado nuestro objetivo, la clase *epm* aún no está bien integrada en el lenguaje. Todavía veremos en la siguiente sección el uso del operador + para la función de suma y el operador == para la igualdad.

LA SOBRECARGA DE OPERADORES

En el capítulo anterior se implementó una versión de la clase Epm, y finalizamos con un código que calcula los elementos de la secuencia de Fibonacci. El código utilizado para realizar el cálculo era:

```
void main()
{
Epm max("100");
Epm contador("1"), one("1");
Epm t1("0"), t2("1");
Epm d;

do
{
d.Add(t1,t2);
t1=t2;
t2=d;

contador.Add(contador,one);
} while (!contador.Igual(max));
d.Print();
}
```

Lo deseable es que pudiéramos escribir este mismo código de modo similar a un código normal. Como el que sigue:

```
void main()
{
Epm max("100");
Epm contador("1");
Epm t1("0"), t2("1");
Epm d;
```

```
do
{
d = t1 + t2; t1=t2;
t2=d;
contador = contador + "1";
} while (! (contador==max));
cout << d << endl;
}
```

C ++ permite este tipo de operación con nuevos tipos de datos utilizando un proceso llamado **sobrecarga de operador**. Los operadores normales como +, == y << son sobrecargados de modo que puedan manejar los nuevos tipos de datos.

Algunos casos de sobrecarga de operador implica el uso de funciones friend. Una función friend es como una función C normal, pero tiene permiso de acceso a los miembros private de la clase en la que se declara. El hecho de ser como una función C significa que ella no tiene acceso al puntero this y también que se puede llamar sin identificar la clase para la que opera. Por ejemplo, una función miembro normal, tal como la función Insertar de la clase List, requiere una instancia de List para ser llamada.

```
List Lst;
...
lst.Insertar (5);
```

Una función friend no requiere necesariamente la creación de instancias de una clase porque ella no tiene un puntero this.

Casi todos los operadores en C ++ pueden ser sobrecargados

+ - * / % ^ & |
~ ! , = < > <= >=
++ -- << >> == != && ||
+= -= /= %= ^= & = |= *=
<<= >>= [ ] ( ) -> ->* new delete

Algunos de estos operadores raramente se utilizan y aún más raramente están sobrecargados. Pero sobrecargando los operadores más comunes, como + y == , usted puede dar a sus clases interfaces más simples y fáciles de entender.

El código siguiente muestra la clase Epm reformulada para utilizar el operador +, == y << sobrecargados, junto con un fragmento de código para probar el uso de estos tres operadores.

```
class Epm: public List
{
public:
Epm():List() {}
Epm(char *s):List()
{
char *p;
for (p=s; *p; p++)
AddToEnd(*p-'0');
}

friend Epm operator+ (Epm & a, Epm & b)
{
int carry, temp;
int erra, errb, na, nb;
Epm x;

carry=0;
erra=a.GetLast(na);
```

```
errb=b.GetLast(nb);
while (!erra || !errb)
{
if (erra)
temp=nb+carry;
else if (errb)
temp=na+carry;
else
temp=na+nb+carry;
x.AddToFront(temp%10);
carry=temp/10;
erra=a.GetPrevious(na);
errb=b.GetPrevious(nb);
}
if (carry> 0)
x.AddToFront(carry);
return x;
}

int operator==(Epm & a)
{
if (a.Size()!=Size())
return 0;
else
{
int i, na, nb;
a.GetFirst(na);
GetFirst(nb);
for (i=0; i < a.Size(); i++)
if (na!=nb)
return 0;
else
{
a.GetNext(na);
GetNext(nb);
```

```
}

return 1;
}
}

friend ostream&  operator << (ostream&  s, Epm & m)
{
int n, err;

err=m.GetFirst(n);
while( !err )
{
s << n;
err=m.GetNext(n);
}
return s;
}
};

void main()
{
// añade dos números
Epm a("1234567");
Epm b("1234");
Epm c;

c = a + b;
cout << "esta bien " << c << "...realmente" <<
endl;
cout << a + "3333" << endl;


Epm contador;
Epm t1, t2;
```

```
Epm d;

t1 = "0";
t2 = "1";
contador = "1";
do
{
d = t1 + t2;
t1 = t2;
t2 = d;
contador = contador + "1";
} while (! (contador == "100") );
cout << d << endl;
}
```

Comenzamos examinando la función ==:

== int operator (Epm & a)

Debido a que es una función miembro de la clase *Epm*, este encabezado de la función indica que el operador debe devolver un entero, que utiliza lo que está a la izquierda de == como *this*, y que usa lo que esta a la derecha de == como un a. Dentro del código para la función del ==, cuando utilizamos directamente una función como *GetFirst* nos referimos al valor de la izquierda ==. En cambio, una llamada a la función en formato *a.GetFirst* se refiere a lo que está a la derecha de ==:

```
Epm b, m;
...
if (b == m)
```

El resto del código es idéntico al código de la función Igual que ya vimos. El valor entero devuelto se utiliza como el resultado de la comparación. Una vez implementada esta función, nuestro operador == es llamado cada vez que el compilador encuentra un operador == entre dos valores de tipo Epm.

El operador + sobrecargado es una función friend:

```
friend Epm operator+ (Epm & a, Epm & b)
```

Esta función se declara como un *friend*, porque no queremos que se utilice automáticamente el lado izquierdo del signo de suma, debido a que esa función limpia la variable destino al resultado de la suma. Una vez definida como una función *friend*, se comporta como una función normal C sin el puntero *this*. Ella solo suma dos números *epm* que le son pasados y devuelve el resultado en el formato de un número *epm*. En la función *main* hay varias declaraciones de la siguiente forma:

```
c = "3333"
```

o

```
c = c + "1"
```

¿Cómo sabe el compilador lo que debe hacer? ¿Cómo supo convertir "1" en un número *epm*? Una vez que tenemos un constructor que acepta un tipo *char* *, el constructor es automáticamente invocado en un intento de hacer la combinación de tipos para el operador +. Si creamos otro constructor que acepte un parámetro de tipo entero largo, entonces podemos escribir comandos como:

```
c = c + 1;
```

La conversión del valor entero 1 será automática. El siguiente comando no funcionará

```
c = "2222" + "3333";
```

porque el compilador no tiene nada que le diga que + significa suma de *epms*, por lo que no puede hacer la conversión – uno de los valores a uno de los lados de + debe ser *epm* para alertar al compilador. El operador << también está sobrecargado. La función de sobrecarga debe ser un *friend* porque el parámetro de la izquierda no es del mismo tipo de la clase. La función debe aceptar una referencia a un parámetro *ostream* y un parámetro del tipo de la clase. También debe devolver una referencia a *ostream*.

Con esta función implementada, cualquier operación de salida en C ++ funcionará normalmente con números *epm*.

El operador >> está sobrecargado de una manera similar:

```
friend istream& operator >> (istream& s, Epm&  m)
{
buf[100];

s >> buf;
m = buf; // llama al constructor
return s;
}

Otros  operadores,  tales  como  ++,  +=,  !=,  etc.
pueden  ser  fácilmente  sobrecargados  usando  os
ejemplos de arriba.
```

TRABAJANDO CON PUNTEROS

Cuando una clase contiene datos miembro que son punteros, hay una serie de cuidados adicionales para asegurarnos de que esa clase realmente funciona como se esperaba. Por ejemplo, cuando se destruye una instancia de una clase, el constructor debe asegurarse de que se liberan todos los bloques de memoria dentro de la clase. Otro ejemplo es el operador de asignación: el estándar para el operador = - copia de todos los datos miembro - como hemos visto hasta ahora, no funciona para los datos miembro punteros.

Para hacer esta diferencia más perceptible, vamos a construir una clase *Pila* con matriz y con punteros. Aquí está la versión con matriz y una función *main* que contiene el código para la prueba.

```
#include <iostream.h>

class Pila
{
        int stk[100];
        int top;
public:
        Pila(): top(0) {}
        ~Pila() {}
        void Clear() {top=0;}

        void Push(int i) {if (top < 100)
stk[top++]=i;}
        int Pop()
        {
                if (top > 0) return stk[--top];
                else return 0;
        }
```

```
        int Size() {return top;}
};

void main()
{
        Pila pila1, pila2;

        pila1.Push(10);
        pila1.Push(20);
        pila1.Push(30);
        cout << pila1.Pop() << endl;
        pila= pila1;
        cout << pila1.Size() << endl;
        cout << pila2.Size() << endl;
        cout << pila2.Pop() << endl;
        cout << pila2.Pop() << endl;
}
```

El siguiente código implementar la misma clase *Pila* usando punteros pero tiene varios problemas que se discutirán en un momento.

```
typedef struct node
{
int data;
node *next;
} node;

class Pila
{
node *top;
public:
Pila(): top(0) {}
~Pila() { Clear(); }
void Clear()
{
node *p=top;
while (p)
```

```
{
top = top->next;
delete p;
p = top;
}
}
void Push(int i)
{
node *p = new node;
p->data = i;
p->next = top;
top = p;
}
int Pop()
{
if (top != 0)
{
int d = top->data;
node *p=top;
top = top->next;
delete p;
return d;
}
else return 0;
}
int Size()
{
int c=0;
node *p=top;
while (p)
{
c++;
p = p->next;
}
return c;
```

```
}
};
```

Esta es una implementación completa de la clase. Ella lleva a cabo los procedimientos para liberar memoria en su destructor y funciona de la misma forma que la versión anterior de la clase *Pila*. Sin embargo, esta aplicación no funciona como se esperaba después de un comando como:

```
pila1 = pila2;
```

El siguiente diagrama muestra lo que sucede. La operación de asignación, en ese caso, sólo copia los datos miembro de *pila2* a *pila1*, dejando el mismo conjunto de datos en memoria siendo apuntados por dos punteros.

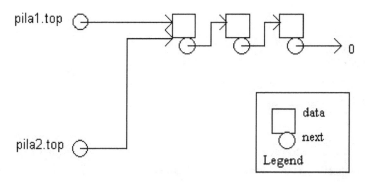

Después de la asignación, los punteros *pila1.pop* y *pila2.pop* apuntan ambos a la misma cadena de bloques de memoria. Si se elimina una de las pilas, o si una de ellas ejecuta una punción *Pop*, la otra pila va a apuntar a una dirección de memoria que ya no es válida.

En algunas máquinas ese código será compilará sin errores y todo parecerá estar bien durante el tiempo de ejecución del programa. Pero tan pronto como el sistema comience a apuntar a direcciones de memoria que ya no son válidas, la ejecución comenzará a tener un comportamiento errático, sin razón aparente hasta que el programa finalmente falla.

Lo que necesitamos es una manera de hacer de nuevo la operación de asignación para crear una copia de los bloques de memoria apuntados por los punteros. Pero ¿de dónde viene el operador de asignación y cómo puede ser modificado?

FUNCIONES POR DEFECTO

Cuando se crea una clase, cuatro funciones por defecto o default se crean automáticamente y serán utilizadas, a menos que las modifique. Estas funciones por defecto son:

• El constructor por defecto
• El constructor de copia por defecto
• El operador de atribución por defecto
• El destructor por defecto

El constructor por defecto se invoca cuando se declara una instancia de la clase sin pasar ningún parámetro. Por ejemplo, si crea una clase *Ejemplo* sin la definición explícita de un constructor, entonces el siguiente comando invoca el constructor predeterminado para *s*:

```
Ejemplo s;
```

La siguiente declaración con inicialización de *s2* invoca el constructor de copia:

```
Ejemplo s1;

Ejemplo s2 = s1;
```

El destructor por defecto se llama cuando se cierra el ámbito en el que se creó la variable y el constructor de atribución se llama cuando se produce una operación de asignación normal.

Usted puede sobrescribir cualquiera de estos constructores, definiendo sus propias funciones. Por ejemplo, si define explícitamente un constructor para la clase, el constructor por defecto no es creado por el compilador.

El siguiente código nos ayudará a tener una mejor comprensión de lo que hace el constructor y el destructor por defecto:

```cpp
#include <iostream.h>

class Clase0
{
int data0;
public:
Clase0 () { cout << "clase0 constructor" << endl; }
~Clase0 () { cout << "clase0 destructor" << endl; }
};

class Clase1
{
int data1;
public:
Clase1 () { cout << "clase1 constructor" << endl; }
~Clase1 () { cout << "clase1 destructor" << endl; }
};
```

```
class Clase2: public Clase1
{
int data2;
  Clase0 c0;
};

void main()
{
Clase2 c;
}
```

La clase *Clase2* no tiene ningún constructor ni destructor definido explícitamente, pero este código produce el siguiente resultado:

```
clase1 constructor
clase0 constructor
clase0 destructor
clase1 destructor
```

Lo que ocurrió es que el compilador creo automáticamente tanto el constructor como el destructor por defecto para *Clase2*. El comportamiento del constructor por defecto es llamar al constructor de la clase base, el constructor predeterminado para cada uno de los datos miembro que son clases. El destructor por defecto llama al destructor de la clase base de los datos miembro que son clases.

Digamos que usted crea un nuevo constructor para *Clase2* que acepta un número entero. El compilador todavía llamará a los constructores necesarios de la clase base y de los datos miembros que son clases.

El código siguiente muestra este proceso:

```
class Clase2: public Clase1
{
int data2;
```

```
Clase0 c0;
public:
Clase2(int i)
{
cout << "clase2 constructor" << endl;
}
};

void main()
{
Clase2 c(1);
}
```

Esto también funciona y genera el siguiente resultado:

```
clase1 constructor
clase0 constructor
clase2 constructor
clase0 destructor
clase1 destructor
```

Pero ahora no se puede declarar una variable sin inicializar de tipo *Clase2* porque ya no hay un constructor por defecto. El código siguiente lo muestra:

```
Clase2 c(1); // OK
Clase2 e; // no OK
```

También es posible declarar una matriz de una clase, a menos que no exista ningún constructor predeterminado definido.

Sin embargo, usted puede volver a crear el constructor por defecto al crear un constructor con una lista de parámetros vacía, de la misma forma que crea otros constructores para la clase.

El operador de asignación y el constructor de copia también se crean automáticamente. Ambos apenas copian los datos miembro de la instancia a la derecha del signo = para la instancia de la izquierda. En el caso de nuestra clase *Pila*, queremos eliminar estas funciones predeterminadas y utilizar funciones propias, para que la asignación funcione correctamente. A continuación se presentan las dos nuevas funciones para la clase *Pila* y la función *Copiar* compartida por ambas:

```
void Copiar(const Pila&  s)
{
node *q=0;
node *p=s.top;

while (p)
{
if (top==0)
{
top = new node;
q=top;
}
else
{
q->next = new node;
q = q->next;
}

q->data = p->data;
p = p->next;
q->next=0;
}
}
Pila&  operator= (const Pila&  s) //asignación
{
if (this == & s)
```

```
return *this;
Clear();
Copiar(s);
return *this;
      }
Pila(const Pila&  s): top(0) // copiar constructor
{
Copiar(s);
}
```

La función de asignación comienza verificando el caso de auto-atribución, como en:

```
s = s;
```

Si se trata de una auto-atribución, la función no hace nada, es decir, no efectúa la auto-atribución. Al no ser auto-atribución, la función borra la instancia contenedor y copia la lista ligada existente en la memoria, de modo que la instancia a la izquierda del operador de atribución tenga su propia copia de la pila.

El constructor de copia es básicamente lo mismo que cualquier otro constructor. Se utiliza para tratar los siguientes casos:

```
Pila s1;
s1.Push(10);
s1.Push(20);
Pila s2(s1); // copiar constructor invocado
Pila s3 = s1; // copiar constructor invocado
```

Una vez implementado el operador de atribución y el constructor de copia, la clase *Pila* está completa. Puede manejar cualquier condición y funcionar correctamente.

CONCLUSIÓN

Todo esto puede parecer un montón de trabajo que hacer pero por lo general sólo es necesario cuando se trabaja con punteros. Lo que pasa es que usted tiene que proteger realmente sus estructuras basadas en punteros contra contingencias que invaliden los datos.

En algunos programas en C, los programadores podían hacer presuposiciones como "puedo apuntar al mismo bloque de memoria con varios punteros sin problemas, porque nada en esta parte del código modifica los bloques apuntados." Sin embargo, si otro programador viola este supuesto, aunque sea accidentalmente, el programa puede fallar, y los fallos debidos a problemas con los punteros son difíciles de seguir y localizar.

Dichos problemas no ocurrirán en una clase de C ++ definida con seguridad, ya que todas las contingencias son previamente consideradas y cubiertas.

Usted puede verificar que la aplicación mostrada más arriba es aún ineficiente. ¿Qué pasa si usted quiere tener sólo una copia de los bloques de memoria que forman la pila? Por ejemplo, ¿qué pasa si los datos de la pila ocupan muchos megabytes de memoria y usted no tiene suficiente para hacer una copia?

Lo que usted hace en ese caso es usar una técnica como un contador de referencias - cada instancia de la clase incrementa una variable global estática que contiene el número de instancias que utilizan la misma copia de los datos. Cada destructor disminuye ese contador. Sólo cuando un constructor, después de disminuir el contador, detecta que no hay otra instancia de la clase utilizando los datos, realmente libera la memoria utilizada para contener los datos.

FUNCIONES VIRTUALES

A lo largo de este libro hemos visto varios ejemplos de herencia, porque la herencia es muy importante para la programación orientada a objetos. Hemos visto que la herencia permite que datos y funciones miembro se añadan a las funciones derivadas. También vimos varios ejemplos en los que se utilizó el mecanismo de herencia para modificar el comportamiento de una función.

Una jerarquía similar se muestra a continuación, utilizando una clase base denominada *List* y una clase derivada llamada *TotalList*:

```cpp
#include <iostream.h>

class List
{
int array[100];
int cuenta;
public:
List(): cuenta(0) {}
void Insertar(int n) { array[cuenta++]=n; }
int Get(int i) { return array[i]; }
int Size() { return cuenta; }
};

void ManipList(List list)
{
// do things to the list
list.Insertar(100);
list.Insertar(200);
// hacer cosas con la lista
}
```

```
class TotalList: public List
{
int total;
public:
TotalList(): List(), total(0)  {}
void Insertar(int n)
{
total += n;
List::Insertar(n);
}
int GetTotal() { return total; }
};

void main()
{
TotalingList list;
int x;

list.Insertar(10);
list.Insertar(5);
cout << list.GetTotal() << endl;
ManipList(list);
cout << list.GetTotal() << endl;
for (x=0; x < list.Size(); x++)
cout << list.Get(x) << ' ';
cout << endl;
}
```

En este código, la clase *List* implementa la lista más sencilla posible con las tres funciones miembro *Insertar*, *Get* y *Size* y el constructor. La función *ManipList* es un ejemplo de una función cualquiera que usa la clase *List*, y que llama a la función de *Insertar* dos veces como ilustración a lo que pretendemos mostrar.

La clase *TotalList* hereda de la clase *List* y agrega un dato miembro denominado *total*. Este dato miembro almacena el total de todos los números contenidos en la lista. La función *Insertar* se sobrepone para que *total* sea actualizado a cada inserción.

La función *main* declara una instancia de la clase *TotalList*. Inserta los valores 10 y 5 e imprime el total. Entonces llama *ManipList*. Puede ser una sorpresa para usted que esto no se traduzca en un error de compilación: si nos fijamos en el prototipo de *ManipList* verá que ella espera un parámetro de tipo *List*, no del tipo *TotalList*.

Sucede que C ++ entiende ciertas cosas sobre el herencia, una de ellas es que un parámetro del tipo clase base debe aceptar también cualquier tipo clase derivada de aquella clase base. Por lo tanto, desde que *TotalList* se deriva de la clase *List*, *ManipList* aceptará un parámetro de tipo *TotalList*. Esta es una de las características de C ++ que hace que la herencia sea tan poderosa: puede crear clases derivadas y pasarlas a las funciones existentes que sólo conocen la clase base.

Cuando el código mostrado se ejecuta, no producirá el resultado correcto. Se producirá la siguiente salida:

15
15
10 5

Esta salida indica que no sólo la agregación no funcionó, sino que los valores 100 y 200 no se incluyeron en la lista cuando se llamó a *ManipList*. Parte de este error es debido a un error en el código: el parámetro aceptado por *ManipList* debe ser un puntero o una referencia, de lo contrario ningún valor será devuelto. Modificamos el prototipo de *ManipList* para corregir parcialmente el problema:

```
void ManipList(List& list)
```

ahora obtenemos el siguiente resultado:

15
15
10 5100200

Es didáctico seguir la ejecución de *ManipList* paso a paso y ver qué pasa. Cuando se produce la llamada a la función *Insertar*, la función invocada es *List:Insertar* en lugar de *TotalList:Insertar*.

Este problema también se puede resolver. Es posible, en C ++, crear una función con un prefijo virtual, y eso hace que C ++ llame siempre a la función en la clase derivada. Es decir, cuando una función es declarada como *virtual*, el compilador puede llamar a las versiones de la función que ni siquiera existían cuando el código de la función llamada fue escrito. Para ver esto, añada la palabra *virtual* delante de la funciones *Insertar* tanto en la clase *List* como en la clase *TotalList*, como se muestra a continuación:

```
class List
{
        int array[100];
        int cuenta;
public:
        List(): cuenta(0) {}
        virtual void Insertar(int n) {
array[cuenta++]=n; }
```

```cpp
        int Get(int i) { return array[i]; }
        int Size() { return cuenta; }
};

void ManipList(List&  list)


{
        // hacer cosas
        list.Insertar(100);
        list.Insertar(200);
        // hacer cosas
}

class TotalList: public List
{
        int total;
public:
        TotalList(): List(), total(0) {}
        virtual void Insertar(int n)
        {
                total += n;
                List::Insertar(n);
        }
        int GetTotal() { return total; }
};
```

De hecho, es necesario poner la palabra *virtual* sólo delante del nombre de la función en la clase base, pero es un buen hábito repetirlo en las funciones de las clases derivadas, como una indicación explícita de lo que está ocurriendo.

Ahora puede ejecutar el programa y obtener la salida correcta:

15
315

10 5 100 200

¿Qué está sucediendo? La palabra *virtual* delante de una función determina para C ++ que usted tiene previsto crear nuevas versiones de esta función en las clases derivadas. Es decir, *virtual* le permite declarar sus futuras intenciones para la definición de la clase. Cuando una función *virtual* se llama, C ++ examina la clase que llamó a la función, y busca la versión de la función para esta clase, incluso si la clase derivada no existe cuando se escribió la llamada a la función.

Esto significa que en algunos casos debe pensar en el futuro al escribir el código. Debe pensar "¿yo o cualquier otro programador, podría en el futuro tener que modificar el comportamiento de esta función?" Si la respuesta es sí, entonces la función se debe declarar como *virtual*.

Se deben de tener ciertos cuidados para que una función virtual funcione correctamente. Por ejemplo, usted debe realmente anticipar la necesidad de modificar el comportamiento de la función y recordar declararla como *virtual* en la clase base. Otro punto importante se puede ver en el ejemplo anterior: pruebe a eliminar el *&* de la lista de parámetros de *ManipList* y siga el código paso a paso. Incluso si la función *Insertar* está marcada como virtual en la clase base, la función de *List::Insertar* se llama, en lugar de la función de *TotalList::Insertar*.

Esto sucede porque, cuando *&* no está presente, la lista de tipo de parámetro en *List* está actuando como si fuese una definición de conversión de tipos. Cualquier clase pasada es convertida a la clase base *List*. Cuándo *&* está presente en la lista de parámetros, dicha conversión no ocurre.

Usted puede ver las funciones virtuales en prácticamente toda la jerarquía de clases en C ++. Una jerarquía de clases típica espera que, en el futuro, se cambie el comportamiento de las funciones para adaptar la biblioteca de clases a las necesidades específicas de una u otra aplicación.

Las funciones virtuales se utilizan con frecuencia cuando el diseñador de clases no puede saber realmente lo que se hará con la clase en el futuro. Suponga que usted está utilizando la interfaz de una clase que implementa los botones en la pantalla. Cuando se crea una instancia del botón, este se dibuja en la pantalla y se comporta de una manera estándar, es decir, se ilumina cuando hace clic el usuario. Sin embargo, el programador que escribió la clase no tenía idea de lo que los programadores usuarios de la clase querrían hacer cuando se hace clic en el botón. Para estos casos, el diseñador de la clase podría haber definido una función *virtual* llamada, por ejemplo, *handleEvent* que se llama cada vez que se hace clic en el botón. Una vez hecho esto, se puede reemplazar la función virtual con una función específica que se ocupa de la situación del modo que mejor se adapte a su aplicación.

CONCLUSIÓN

Cubrimos una gran cantidad de temas en este libro pero es posible que tenga la sensación de que todavía hay mucho que ahondar en C ++. Esto es verdad en cierto sentido: C ++ es un lenguaje muy profundo, con algunas sutilezas y trucos que sólo la experiencia puede ayudarle a dominar. C también es así, sólo que en una escala más pequeña.

La única manera de entender plenamente un lenguaje de programación es escribir y leer mucho código. Usted puede aprender mucho mediante el uso y el estudio de bibliotecas creadas por otros. Todos los beneficios de C ++ se harán más evidentes para usted a medida que entienda más y más el lenguaje. Así pues... ¡que la codificación empiece!

ACERCA DEL AUTOR

Este libro ha sido elaborado por Joaquín Ramón Reyes Sandler. Joaquín es profesor en el sector privado de programación y arquitectura de software desde el año 1998.

Esperamos que este libro le ayude en sus inicios con este apasionante lenguaje de programación que es C++.

Muchas Gracias

www.ingramcontent.com/pod-product-compliance
Lightning Source LLC
Chambersburg PA
CBHW071222050326
40689CB00011B/2412